LIANJIE YU SHENGCHENG:
WEI XUESHENG
FAZHAN ER JIAO

联结与生成：
为学生发展而教

张尚达 著

序

做思政课守正创新的好教师

近年来,在党中央的高度重视下,学校思想政治理论课(以下简称思政课)迎来了一个大发展的时期,思政课的战略地位得到了提升,目标与内涵得到了拓展,人才队伍得到了充实,各方面都非常重视这一关键课程,一系列的项目也是纷至沓来,极大地鼓舞着大中小学各阶段的"思政人"。作为一名长期从事教学和教育管理工作的教师,我本人也备受鼓舞,很高兴有越来越多的优秀青年教师乘风而上,发挥作用,贡献力量。借此机会,我想谈谈发展思政学科的几点体会。

办好思政课是回应世界百年未有之大变局和中华民族伟大复兴大局的时代之需,意义重大、影响深远。从当前形势看,我国进入了"十四五"时期,开启了全面建设社会主义现代化国家新征程。在新形势下,我们要想培养具有坚定信念的社会主义建设者和接班人,培养一代又一代拥护中国共产党领导和我国社会主义制度、立志为中国特色社会主义事业奋斗终身的有用人才,就要做优做强思政课。从人才培养看,青少年阶段是人生的"拔节孕穗期",需要精心引导和栽培。校园里,课堂是立德树人的主渠道,而思政课则是落实立德树人根本任务的关键课程,思政课教学的方向对错、质量高低,直接关系到学生能否打好打牢世界观、人生观、价值观的基础,走好人生之路,成为社会有用人才。

然而,在错综复杂的社会环境中,面向积极活跃的青少年学生,讲好思政课并非易事,需要与时俱进、以生为本、注重创新。例如,在内容上要有大视野,既要讲好马克思主义理论、中国化的马克思主义、21世纪的马克思主义,又要融入其他哲学社会科学、自然科学的知识,提升马克思主义的说服力;既要讲清楚国内的情况,又要将国内外的情况联系起来;既要讲历史,更要讲现实,特别是新时代中国特色社会主义取得的成就。又如,在方法上要有多样性,可以采用案例式教学、探究式教学、体验式教学、互动式教学、专题式教学等,运用现代信息技术等手段建设智慧课堂。再如,在教学上要有实践性,把思政小课堂同社会大课堂结合起来,在理论和实践的结合中,教育引导学生把人生理想落实到具体行动中,把学习奋斗的具体目标同民族复兴的伟大目标结合起来,立鸿鹄志,做奋斗者。

讲好思政课不仅有"术",也有"学",更有"道",而讲好思政课的关键是教师。我认为,要讲好思政课,教师必须守正创新,不断提高教学水平和能力。要做到这一点,首要的就是坚定理想信念和政治立场。思政课教师要做到政治强、情怀深、思维新、视野广、自律严、人格正,以"八个相统一"为原则,努力上好每堂课,以自己堂堂正正的人格和深厚扎实的学识感染学生,用真理的力量感召学生,以深厚的理论功底赢得学生,自觉做为学为人的表率,做让学生喜爱的人,以自己的思想点燃学生的思想,以自己的精神引领学生的精神。与此同时,思政课教师要加强学习,跟上时代步伐。马克思主义是不断发展的理论,实践和理论的创新都是永无止境的,教师必须树立终身学习的理念,了解中国特色社会主义重大实践创新和理论创新的成果。新版统编教材已经全面投入使用,一线思政课教师要用好教材,发挥积极性、主动性、创造性,认真学习领会习近平新时代中国特色社会主义思想,依据教材的框架,结合更加鲜活的材料,讲好中国共产党、中国特色社会主义、中华民族的故事,在学生的心里埋下真善美的种子。

《联结与生成:为学生发展而教》是张尚达老师打磨多年的一部作品,融理论与实践、经验与体会于一体,思考深刻、案例丰富、解读有道。本书反映了张老师近几年关于思政课的探索、反思、实践,体现了张老师一以贯之的悟性和眼光,值得大家品鉴。希望读者能够在读懂思政课堂的基础上理解思政课程的实质,做好思政课教师。

从张老师的论述中可以看出,思政课教师注意自身专业化发展是非常重要的。张老师从懵懂入行到躬身入局,从新手教师到关键变量,从自我探索到携人共进,如今又著书立说,把实践点滴化作理性思考,近20年的从教历程恰好绘就了一名优秀教师专业化发展的图景。立德树人是教育的根本任务,而落实这一任务的关键课程是思政课,讲好思政课的关键是教师。这就要求思政课教师义无反顾地承担起为党育人、为国育才的使命,自我精进、自我发展、自我超越,引领学生走向未来、赢在未来。希望张老师始终葆不忘初心、不断进步,也希望更多思政课教师积极投身专业化发展的热潮,把自己锻造为推动思政课守正创新的关键变量,成为真正的"六要"思政课好教师。

韩　震

2021 年 8 月

目录

1 ▶ 第一章 关联：正确理解学科、教材内容和学生的关系

第一节 理解学科、教材内容和学生的关系 / 3

第二节 走向深度学习 / 15

21 ▶ 第二章 内涵：在课堂中落实立德树人根本任务

第一节 基于知识建构的体系 / 24

第二节 基于能力建构的体系 / 33

第三节 基于资源整合的体系 / 38

第四节 基于学科方法论的体系 / 48

57 ▶ 第三章 理路：为学生的知识建构搭牢支架

第一节 分层、分组教学带来的启发 / 59

第二节 指向学科核心素养培育、关键能力提升的教学特征 / 66

第三节 提升学科素养的思维过程显性化教学 / 76

第四节 指向深度学习的一体化教学设计 / 80

第五节 指向深度学习的课堂标准和教学设计原则 / 86

91 ▶ 第四章　策略：从深度学习走向学科核心素养培育
　　第一节　深度学习视域下学生学习的基本特征 / 93
　　第二节　指向关键能力的深度学习策略建构 / 95
　　第三节　指向学科核心素养培育的单元作业设计 / 111

119 ▶ 第五章　修为：实现面向未来、超越自我的专业化发展
　　第一节　新时代学科教师素养的挑战 / 121
　　第二节　学科教师专业化发展案例 / 125

141 ▶ 参考文献

144 ▶ 跋

第一章　关联：正确理解学科、教材内容和学生的关系

本章将从学科核心素养培育角度讨论以下问题:
1. 教授学科知识和培育学科核心素养是什么关系?
2. 培育学科核心素养需要怎样的学习?

第一节 理解学科、教材内容和学生的关系

一、学科、教材内容和学生的关系

对思政课和思政课教学来说，2019年是有特别意义的一年。年初，党中央召开了思想政治理论课教师座谈会；8月，中共中央办公厅、国务院办公厅印发了《关于深化新时代学校思想政治理论课改革创新的若干意见》，对深化新时代学校思想政治理论课提出了具体要求；9月，统编高中《思想政治》教材在全国六个省市试点使用，上海就是试点之一。

面对新时代、新课标和新教材，思政课到底要教什么？这是一个值得思政课教师思考的问题。从教学现状看，虽然有不少思政课教师认同思政课不应只教"教材知识"，但确实少有教师对以下问题进行深入研究：思政课涉及哪些知识？课堂中该如何演绎所谓的知识教学？教这些知识，最终是为了解决什么问题？

很显然，这些问题所指向的核心要素，不是简单的教学内容，而是课程任务和目标的价值。

📝 案例：Y老师的焦虑

Y老师从事高中思政课教学工作多年，她在教学中有些焦虑：

我对于上C级学习水平的课有一定的恐惧心理。我曾经把原因归结如下：(1)教材编写有问题，枯燥的理论不好教；(2)学生不爱听，认为这纯粹是讲大道理、喊口号，从一开始就存在着或多或少的抵触情绪；(3)在课堂中往往会出现一些敏感的话题、激烈的碰撞，如果任由其发展，教学往往会偏离常规；如果强制扼杀，教学同样也回不到常规，只能增加学生的抵触情绪。

因此，在这样的课堂上，我经常是中规中矩，小心翼翼。虽然随着信息技术

的发展,课堂中能够运用的资源无论是数量还是形式都有了巨大的飞跃,但再丰富的形式也掩盖不了教学内容本身的苍白,这样的课堂,学生不满足,我自己也不满意。

案例表面上体现的是教学内容的不确定性。教师对教学内容把握不够,除了重复教材内容外不知说什么。同时,教师对很多现实问题缺少深入的学习,对一些应该深入的问题不敢展开。面对学生在学习过程中出现的问题,教师显得无力与无奈,这就是不少思政课教师碰到的现实问题。当然,教师在思政课教学中还会碰到一系列具体的问题,如教学目标与实际教学效果的差异、教材内容与学生认知之间的差距、学生的学习兴趣无法调动、学生的注意力不集中。教师在尝试解决这些问题的过程中,往往容易把现象和产生现象的根源混淆。从现象上看,教学过程中出现的问题往往被归因为三因素:教材、学生、评价方式。持教材归因观点的教师认为,当前的思政课教材有较强的政策性和理论性,内容比较难,与学生的生活存在距离,使教学开展有一定困难。持学生归因观点的教师认为,部分学生比较功利,不愿学习与考试无关的课程内容,这就增加了教学的难度。持评价方式归因观点的教师认为,当前的考试制度改革可能会削弱思政课的地位。事实上,这部分教师也承认,考试导向下的教学存在很多问题,教学围绕考点,最终同样无法发挥思政课应有的功能。

案例所表现的实质问题是教师的教学仍然停留在表层的学科知识点上。这种认知混淆了知识与知识点、教材内容与学科体系、教学内容与课程目标等概念。要理清这些概念,教师必须研究并正确理解学科知识,不仅要了解这些知识的内容及其内在的联系,还要知道怎么教这些知识,通过哪些渠道能获得帮助,明白所教内容与学生的关系。

思政课教师要对课程价值有比较清晰、完整的认识。这是教师正确处理思政课所涉及的现实问题、处理学生学习问题的关键。教师如果能从课程价值的高度理解思政课,便能找到一些有效的渠道和途径。

事实上,课程标准中已经对此有了明确的界定,比如,课程把关注人、关注学生的发展作为重要目标。绝大多数教师都能接受这个目标,并努力使之成为教学的依据。但对于如何进一步设计并实施"关注人""关注学生的发展"的教学目标,教师还需要获得更具体的专业支持。

所有的问题基本指向学科性质、教师专业支持、教学关系三个维度。学科性质明确了课程任务和目标,包括描述具体特质的学科知识和要求。教师专业支持是指对思政课教师教学的专业要求,包括教师的知识结构和教学能力。教学关系是指在教学过程中所反映的主客体的依存度,包括知识关系、能力关系及与此相关的各类主体间的关系。

课堂教学是建构在三个维度上的整体结构,体现的是学科知识在具体教学关系中的表述方式,这种表述方式一定是结构化和系统化的目标整合,其实践过程必须依赖教师的专业化水平和能力。因此,在思政课的课堂教学中,真正的课程价值是伴随着学习过程不断显现的,一位有比较准确的课程理念的教师,会自觉追求这样的课程价值。在这样的教学过程中,教师一定会关注如下问题:(1)学生的兴趣、动机及创造力究竟从何而来?(2)谁来确定有效教学的要素性指标?(3)如何评价教学目标的适切性?这些问题存在于课堂教学过程中,通过课堂教学行为表现出来。

第一,学生的兴趣、动机及创造力等与其对学习的投入程度有关。哲学家怀特海用"浪漫"来描述有效学习。当一个学生在智慧和情感上都完全投入学习过程时,他会着迷[1]。能让学生投入完全情感的课堂,必定给了学生充分的思维自由,使其获得了自信。一位好教师之所以能在课堂上轻松自如、游刃有余,是因为他理解和尊重学生,清楚地知道学生已有什么和还需要什么,明白如何让学生对需要接受的内容产生兴趣。教师把对这些问题的了解和研究作为重要的教学要素,由此得到了学生的认同。这个过程很难机械复制,因为对象不同,背景不

---

[1] [美]帕梅拉·博洛廷·约瑟夫.课程文化[M].余强,译.杭州:浙江教育出版社,2008.

同,教学效果也就不同。

第二,谁来确定有效教学的要素性指标?如果把教学看作教师的个人行为,所有的指标都将反映教师的行为和价值。事实上,并不是所有的教师行为都符合学生的实际需求与期望,教师在课堂上要关注学生的精神性成长。教师必须与学生进行充分的沟通,双方对需要解决的问题有共同的决定权和设计权,两者在合作过程中作用不同,但地位平等。课堂上的民主是一种教师引导下的学生自主学习。

第三,教学目标的适切性是课堂价值的重要方面。它要求无论是内容的确定还是方法的选择,都必须与学生的认知相匹配。在教学中经常出现的问题有两类:目标偏离与目标缺失。课堂中的目标偏离包括设计偏离和执行偏离。前者指设计远离学生的需要和起点,远离学习标准,这与教师的学科功底有关。后者指教师与学生的互动过程偏离了原来设计的目标,导致教学的去目标化存在。课程目标在某种程度上是指为社会生活做准备,"只要我们置身于事物的世界,并发掘出这些事物所包含的特别成分,它们就将显示出人们需要的能力、态度、习惯、鉴赏和知识的形式"[①]。

二、思政课的价值实效

思政课的价值实效应体现在五方面。每个方面的具体表现和意义不同。

(一) 对个体生活方式的影响

在个体生活方式上,至少需要关注三个问题:思政课与个体现在以及未来的生活有什么关系?为什么课程要关注个体的生活?思政课强调的价值与个体成长有什么关系?教师需要正视这些问题,因为这些问题不仅涉及课程内容,还涉及教师与学生共同的生活目标。生活目标不能脱离课程与教学,课程的任务是让我们的教学对象对发生在身边的事物产生兴趣,能借助有效的方法和工具了

---

① 廖哲勋,田慧生.课程新论[M].北京:教育科学出版社,2003.

解基本情况，找到多种方法予以理解和分析，并能进行正确判断，尝试用合理的方式做出适合自己的选择。

（二）对人际沟通方式的影响

在人际沟通上，需要关注这样几个问题：人际沟通的基础是什么？思政课教学能为有效沟通提供什么样的条件？思政课营造的沟通环境与其他课程一样吗？哪些是思政课独有的作用？教学可以理解为一个让学生逐步社会化的过程，思政课的课程特征使其能够有力推动这样的过程。教师应该清楚地知道，教学作为一个帮助学生实现其社会化过程的实践活动，应该创设什么样的社会生活情境使学生能学会与他人相处，正确表达个人的诉求，倾听他人的观点，能让学生学会自我适应和自我改善。思政课要教会学生与人沟通和交流，并让他们了解社会交往中存在的问题，形成稳定而有效的人际关系。

（三）对知识领域的影响

在知识领域，教学是一种引导学生探究的活动，教师的责任不在于告诉学生是什么，而在于引导学生探索和研究为什么是这样、还可以怎么样。教师需要思考这么几个问题：哪些是思政课的知识？在思政课中，教师对哪些知识的解释拥有优势？教学是以教师的教为主的实践活动吗？这些问题旨在引导教师对课程与教材进行深度思考。思政课中，在对某些知识的理解上，在信息拥有量上，教师有时并不比学生占优势。教师已不是原来意义上的"教者"，而是和学生在特定环境中共同学习的合作者。教师的责任是让学生知道学习的意义是什么，知道从哪里可以获得进一步的帮助，知道从哪里寻求更多的资源保障。

（四）对个体未来生活的影响

就个体未来生活而言，教师要帮助学生提升自我分析与诊断的能力，使其具有良好的综合素质，能合理规划职业生涯。为未来生活做准备是思政课的重要目标，这不仅包括知识领域的准备，还要求个人的发展和目标定位与国家、社会的发展紧密相连。这个部分需要教师思考以下问题：我们国家的发展方向是什么？与个体的联系有哪些？个体的发展在哪些方面必须依赖国家、社会的发展？学生今天的学习将为其未来的生活奠定哪些基础？这些问题的着眼点不在于当下，而在于学生今后的生活状态和能力。思政课要引导学生关注社会发展态势，培育学生把个人和国家命运相联系的自觉性。

（五）对个体价值观的影响

思政课教师应具有较高的敏锐度和较强的判断力，掌握专业领域的核心政治观点，能对部分观点进行合理回应，并能在一定的实践领域中发挥积极作用。这不仅是教师教学的责任，也是教师自身专业成长的责任。这个部分需要教师思考以下问题：思政课中，学生的认知起点是什么？从何获得？学生有默会知识吗？它们包括哪些？教师如何帮助学生建立新的或更完善的认知结构？教师如何指导学生形成良好的判断与分析能力？这些能力需要学生通过科学与合理的逻辑方法获得，不能通过重复教材与简单列举获得。

表 1-1 是教学设计摘录，从中可以看到支持知识教学所需要的学科关键能力。

表 1-1　教学设计环节与学科关键能力要求对照表

序号	主要环节	设计时应考虑的能力要求
第一部分	介绍学生问题的梳理结果	1. 反馈学生课前参与结果，让学生了解他们提供的信息在课堂中的地位和作用 2. 加强学生间的信息交流，便于课堂沟通 3. 让学生了解本节课所要解决的问题
	要求学生结合教材对已归纳的关键词进行综合描述，建构基本知识概念	1. 引导学生了解事实性知识与概念性知识的获得渠道 2. 分析学生的概括能力和归纳能力 3. 关注学生对概念性知识的理解与表达方式 4. 了解学生对问题的基本判断与寻求验证的能力 5. 引导学生在倾听、了解他人观点的基础上，对自己的观点进行初步调整

（续表）

序号	主要环节	设计时应考虑的能力要求
第二部分	根据学生的需要，提出教学问题	1. 帮助学生归纳与梳理知识的内在逻辑关系，提出假设，引导学生的思维发展方向 2. 从不同的认知维度，设计分类目标的教学问题，使学生获得不同层级的能力训练 3. 捕捉学生在学习过程中所采用的方法及价值倾向
	要求学生阅读与分析文本资料，结合教师提供的素材、数据等提炼基本观点	1. 分析学生的信息捕捉和快速反应能力，提高其阅读、分析数据的能力 2. 通过同伴讨论，加强学生间的观点交流与互补，共同寻求对个体观点的合理印证 3. 能在数据分析的基础上，对原有假设进行合理分析，并对可能存在的新问题进行深入思考 4. 能提出基本的解决路径，积极思考如何寻求和利用更多的资源解决新问题
第三部分	根据教学生成内容，及时修正目标，逐步进行评价	1. 全面回顾整体教学过程中的学习行为 2. 能归纳与综合教学过程中的各类内容 3. 能整理出符合教学目标的基本观点和验证方法 4. 能对个体观点进行修正，对个体学习方法进行评价，并就后续内容提出发展性的观点

这个设计比较典型地体现了学科核心素养培育、学科关键能力提升的要求。所有的环节和设计都基于目标，由低到高，由浅入深。设计者从学生的认知起点出发，每一个环节都为学生提供阶梯式的发展支架，教学过程中关注每一种能力的表现方式，并提供具体的解释标准和评价方法。学生在学习过程中收获的不仅是知识，还有学科核心素养。这是比较有意义的思政课教学。

教师在理解课程价值时有一个重要的学习与内化过程。教师的学习需要借助实践行动的平台。

📝 案例：Y老师的学习心得

Y老师进入了一个以实践研究为主的学习阶段。多年的研究经历，使她逐步找到了一些问题的症结和解决途径。下面是Y老师的学习心得：

带着种种问题，我进入了上海市双名基地的学习。三年的学习帮助我找到了教学困惑的真正原因：这既不是教材的问题，也不是学生的问题，而是我自身的问题。把问题推给教材，是因为我对思政课教学、对思政学科的课程价值没有进行过深入的研究，无法全面理解和把握教材。把问题推给学生，是因为我对学情的分析建立在主观猜测上，而非基于调查研究结果进行客观分析。把问题推给敏感话题，是因为我自身对这些话题缺乏全面深入的研究，自己都想不明白，又如何说得清楚呢？总而言之，我自身的知识结构已经不能满足今天的教学需要了。

事实上，有类似经历的思政课教师，都形成了比较一致的认知。这种认知不仅使教师对"教学是什么"有了进一步的理解，也让教师在帮助学生获得学习能力的过程中加深了对课程价值的理解。

📝 案例：C老师和D老师的教学反思

在上海市实验性示范性中学工作的C老师在教学案例中指出：

思政课教师在学生政治思想素质培养和知识结构完善中发挥着极其重要的作用。因此，思政课教师必须及时了解学生的思想现状，纠正他们的错误认识，提高他们综合分析问题的能力。同时，思政课教师还要顺应时代发展的潮流，与时俱进，不断提升自身素质，练就过硬的本领，积极学习马克思主义最新的理论成果，提高自身的理论水平。有一次，在我上完哲学课后，有学生问了我这样一个问题："老师，你说世界上的一切事物都是变化发展的，那么，你说的这个结论是固定不变的还是会变化的呢？"类似的情形还有很多。课堂变得开放后，我的教学思路也被打开了，学生的问题成了课堂教学的生长点，也成了我重点关注的内容。这一重大的改变是基地带给我的。

当然，我自身仍存在很多需要改进的地方。一是要加强对思政课教学的理论研究，多看一些相关书籍，把平时教学中的一些思考及时记录下来。二是要坚持学习，使自己具有深厚的文化素养。政治学科研究内容的广泛性和时政性特点，决定了教师不仅要有较好的专业知识，还要有深厚的文化素养。三是要继续关注课堂，做一位实践型教师。

在上海市某区实验性示范性中学工作的D老师通过实践，提出了自己对课程价值的发展性认识：

过去，我对课程理论及本学科课程价值的理解是比较模糊的。思政课的价值到底是什么？确实，有一段时间，我根本就没有思考过这个问题，或仅仅把它等同于考试成绩，课堂教学只求把教材上的知识点讲清楚。模糊的认识导致盲目的教学行为，盲目的教学行为则导致学生对本学科的轻视与厌倦……这使我陷入痛苦之中。进入基地后，相关课程理论的学习和课堂研讨互动等，使我不得不冷静下来思考中学思政课的价值。思政课到底应该让学生获得哪些成长？怎样的教学才能真正有利于学生的终身发展？学生学习结束后应该有怎样的变化？通过观点的交锋、思维的碰撞，基地学员逐步达成共识：思政学科在关注知识的同时，还强调能力、情感等目标，强调为学生搭建全面发展的平台，拓宽学生的思维视野，发展学生的思维能力，形成学生的思维品格。课程价值取向影响教师的日常教学行为。虽然我对本学科价值的认识还有待完善，但有一点是肯定的，经过基地几年的培养，现在的我在进行教学设计前逐步养成了一种思维习惯，即思考"这节课究竟要给学生些什么"这个问题。

真实的师生互动有助于教师了解学生需要什么，也能让学生了解教师为什么要这样做以及这样做的最终价值。教师的教学需要载体，很多时候，教师把教学设计的技巧和课堂教学的能力作为教学有效性的全部要素，这在本质上忽视了思政课教学的核心内容。教师对课程的理解到位，其教学设计就能达到相应的高度。在思政课教学中，表现性的技巧和工具能解决一些问题，但课程价值的实现仍要基于学生发展的需要。

依据《普通高中思想政治课程标准(2017年版2020年修订)》,高中思政课应紧密结合社会实践,讲授马克思主义基本原理,特别是马克思主义中国化最新成果,引导学生经历自主思考、合作探究的学习过程,了解新时代中国特色社会主义经济、政治、文化、社会、生态文明建设和党的建设进程,具备政治认同、科学精神、法治意识和公共参与等核心素养,逐步树立共产主义远大理想和中国特色社会主义共同理想,坚定中国特色社会主义道路自信、理论自信、制度自信、文化自信,基本形成正确的世界观、人生观、价值观。据此分析,中学思政课应指向三方面的教育内容:(1)基于马克思主义基本原理和马克思主义中国化的最新成果的学科基础知识教育;(2)引导学生认识社会、参与社会生活的实践能力教育;(3)帮助学生形成良好思想品德和树立正确世界观、人生观、价值观的终身发展教育。

由此,学科知识、实践能力、终身发展分别代表了课程的三个基本属性,构成了思政课的课程内容。

学科知识体系是课程实施的载体,教学是达成知识目标的过程设计与执行。就目前的学科知识体系来看,思政课教学涉及马克思主义哲学、政治经济学、科学社会主义,涉及经济、政治、文化、社会、生态文明和党的建设,涉及改革发展稳定、内政外交国防、治党治国治军,涉及党史、国史、改革开放史、社会主义发展史,涉及世界史,涉及国情、党情、民情。在体系上,每个领域都有自成一体的内容目标,但也都与整体有系统联系,课程的实施过程就是引导学生建立学科知识结构和体系的过程。在方法上,所有领域的学科知识学习和教学都需要借助实践这一载体。教师要通过设计具体的实践内容,帮助学生提高发现、分析与解决问题的能力。在目标上,课程的实施过程最终要引导教学从知识走向能力,从理论走向实践,从方法走向价值。这个过程既是学生终身发展的受益过程,也是有效教学的实现过程。

价值导向是伴随着课堂教学出现的,是隐藏在教学目标内的重要导向。价值导向一般不是通过显性的教学行为体现的,而是把知识作为实现载体。

案例:价值与价值观

【教学目标】

学生能识记价值与价值观的基本含义;理解人的价值是社会价值和自我价值的统一;理解价值观的导向作用。

学生能通过案例分析,区分人的价值与物的价值的不同;通过课堂讨论,正确认识和评价人的价值,运用"社会存在决定社会意识,社会意识对社会存在具有能动的反作用"这个历史唯物主义观点正确认识价值观问题,运用联系、发展等哲学原理和方法形成正确的价值观。

学生能从人的价值的特殊性中意识到要尊重生命、热爱生命,树立主体意识;认同在创造和奉献中实现人生价值是正确的人生价值观,树立责任意识;愿意选择并养成符合时代要求的、科学理性的价值观。

【教学过程】

1. 什么是哲学意义上的价值?

各种事物都是为了满足人的需要而生的吗?

我们为什么要认识各种不同属性的事物的价值?

活动:认识"教室"的价值。

2. 与其他属性的事物相比,什么是人的价值?

活动:解构人的价值。

(1) 价值转变是谁带来的?

(2) 如果人的价值可以用金钱来衡量,那么,人还是社会历史的主体吗?

(3) 为什么对一个人的价值的评价最根本的是看他对社会发展和人类进步事业的贡献?人的价值为什么会存在差异?人的价值观为什么会有差异?不同的价值观对我们的生活有什么影响?

活动:了解人的价值观。

【结论】

人的存在和发展,人生价值的实现要由正确的价值观来指导。所以,我们必须要学习价值判断和价值选择。

这节课的教学内容是"价值与价值观",要实现相关教学目标,教师不能把简单的知识点作为教学重点。我们可以认为,知识学习为实现价值观目标奠定了基础,但素养导向的教学目标是融为一体的,相互促进,教学目标内部很难分出先后次序。教学目标的价值取向均涉及课程价值的内核。授课教师在课后反思中指出:"重点在于'是什么',难点在于'为什么'。'是什么'部分的教学,关键是对价值、价值观等概念进行建构和解构,使学生理解概念的内涵。'为什么'部分的教学,关键是引导学生用学过的哲学理论来解释新知识,使学生加深对人的本质、人与社会的关系等历史唯物主义观点的理解。"

在教学过程中,认识"教室"的价值、解构人的价值、了解人的价值观三项活动都具有价值观判断的意义,最终指向的都是教学目标的达成。这三项活动的基础则是相关知识点的教学,由此可见,教师把知识点作为价值取向的实现载体。

需要指出的是,"知识点教学—知识点理解—知识点运用"不是思政课的教学范式,教学应该是多元化、多样化的。价值取向的实现更应该多元与多样。价值导向教学确实会遇到不易评价、不易落实、不易检验等问题,我们或许可以从学习心理学和目标分类学中找到一些解决方法。

加涅把价值观纳入态度领域,认为除了作为行为基础的性能外,学习还影响个体行为选择的内部状态建立。学习的某种结果就是态度。态度内化更大程度上是用价值复合体的"组织"和"性格化"这两个范畴表示的。既然一个情境中可能涉及一个以上的价值观,那么,价值观首先要通过概念化组织起来,随后,价值的组织要通过使价值构成一个价值观体系来进行。在内化过程的顶点就达到一套概括化的心向和价值的性格化,它反映在良心、行为准则和人生哲学的发展等方面[1]。

从加涅关于态度内化的阐述中,我们可以抽象出实现态度有效内化的关键

---

[1] [美]加涅.学习的条件和教学论[M].皮连生,等译.上海:华东师范大学出版社,1999.

词——概念化组织或者结构化,即价值观是一套形成结构体系的组织。这个观点对教学启发很大,教师所关注的价值观教学应该是一个设计完整的体系,这个体系形成于教师教学设计前,力求促进学生形成自己的内化体系。

第二节　走向深度学习

一、对深度学习的理解

深度学习理论认为,学习既是个体感知、记忆、思维等认知过程,也是植根于社会文化、历史背景、现实生活的社会建构过程。[①] 深度学习(Deep Learning)又译为深层学习,是当代学习科学领域中的重要概念。它源于与浅层学习的比较,关注深度学习的方式、过程与结果,不是完整的学习形态。早在1956年,布卢姆在《教育目标分类学》里关于"认知领域目标"的探讨中,对认识目标的维度划分就蕴含了深度学习的思想,把教学目标分为了解、理解、应用、分析、综合、评价六个层次。20世纪70年代,美国学者马顿和萨尔约(Ference Marton & Roger Saljo,1976)在《论学习的本质区别:结果和过程》中提出学习层次的概念。他们根据学生应对阅读任务时的学习过程实验,通过与孤立记忆和非批判性接受知识的浅层学习(Surface Learning)的对比分析,总结出深度学习是一种主动的、批判性的学习方式,强调理解性的学习、批判性的高阶思维、主动的知识建构、有效的知识迁移。

随着学习科学的发展和基于标准的教育改革的深入推进,关于深度学习的研究发生了从关注"学习过程"到关注"学习结果"的转变,取得了诸多成果。例如,拉姆斯登(Ramsden,1988)、英推施黛(Entwistle,1997)以及比格斯(Biggs,

---

① 冯锐,任友群.学习研究的转向与学习科学的形成[J].电化教育研究,2009(2).

1999)等人发展了浅层学习和深度学习的相关理论。① 比格斯(Biggs,1979)认为,浅层学习是低水平认知加工,深度学习则是高水平或者主动的认知加工。② 比格斯和柯利斯(Biggs & Collis,1982)进一步发展了皮亚杰的认知发展阶段理论,提出了"可观察的学习结果结构"(Structure of the Observed Learning Outcomes),也就是通常所说的"SOLO"框架。他们把学生对于某个问题的学习程度从能力、思维操作、一致性与收敛、应答结构等方面划分为五级。③ 贝蒂、柯林斯和麦金尼斯(Beattie、Collins & Mcinnes,1997)认为,深度学习意味着学生为了理解而学习,主要表现为对学习内容的批判性理解,强调与先前知识和经验连接,注重逻辑关系和结论的证据。④ 威金斯和麦克太(Wiggins & McTighe,1998)提出了"为理解而教"的观点,把布卢姆的"理解"水平发展为六个层级,认为深度学习的本质就是基于理解的学习。⑤ 美国研究院(American Institutes for Research)组织实施的 Study of Deeper Learning:Opportunities and Outcomes 项目,无论是在理论发展还是在实践创新方面,都具有里程碑式的意义。美国研究院指出,深度学习是学习者对核心课程知识的深度理解,以及在真实的问题和情境中迁移、运用的能力。

国内学者何玲、黎加厚(2005)认为,深度学习是指在理解的基础上,学习者能够批判地学习新思想和事实,并把它们融入原有的认知结构,在众多思想间进行联系,并能够把已有的知识迁移到新的情境中,做出决策和解决问题的学习。⑥景红娜、陈琳、赵雪萍(2011)认为,深度学习是强调批判性思

---

① *Deep and Surface Approaches to Learning*[DB/OL].(2013-5-7)http://www.engsc.ac.uk/er/theory/learning.asp.

② Biggs J.B.*Individual Differences in the Study Process and the Quality of Learning Outcomes*[J].Higher Education,1979(8).

③ Biggs,J.& Collis,K.*Evaluating the Quality of Learning*:*The SOLO Taxonomy*[M].NewYork:Academic Press,1982.

④ Beattie V.、Collins,B.& Mcinnes B..*Deep and Surface Learning*:*A Simple or Simplistic Dichotomy*[J].Accounting Education,1997(6).

⑤ Wiggins,G.& McTighe,J.*Understanding by Design*[M].Alexandria,VA:The Association for Supervision and Curriculum Development,2005.

⑥ 何玲,黎加厚.促进学生深度学习[J].计算机教与学,2005(5).

维的学习方式,并从特征上对深度学习和浅层学习进行了对比。① 安富海(2014)认为,深度学习是一种基于理解的学习,是指学习者以高阶思维的发展和实际问题的解决为目标,以整合的知识为内容,积极主动、批判性地学习新的知识和思想,并将它们融入原有的认知结构,且能将已有的知识迁移到新的情境中的一种学习。② 郭元祥(2015)认为,深度学习是一种基于知识的内在结构,通过完整处理知识,引导学生从符号学习走向学科思想、意义系统的理解和掌握的学习。③ 郭华(2016)认为,深度学习是指在教师引领下,学生围绕着具有挑战性的学习主题,全身心积极参与、体验成功、活动发展的有意义的学习过程。④

当前学术界对深度学习没有统一的界定,但我们可以聚焦深度学习的特征,结合高中思政课的特征形成体现学科本质的界定。笔者认为,高中思政课中指向关键能力的深度学习是指教师以学生学习为中心,引导学生基于理解自主进行知识建构,利用马克思主义的基本原理和社会科学的基本结论与研究方法,通过观察、阅读、辨析、反思、实践和表达来提高解决当前社会变革和实践创新中的新问题能力的过程。

随着互联网、云计算、大数据、人工智能等现代信息技术的发展,世界范围内正掀起一股基于信息技术的深度学习模式改革浪潮。运用现代技术与手段,建构深度学习客观关系网络,设计交互、体验、反思活动,创设深度学习意义情境,促进学生从机械记忆、被动学习向知识建构与理解、知识迁移与应用、问题解决与创新转变,帮助学生从浅层学习迈向深度学习,提高学生高阶思维能力,大力提升教育教学质量⑤,已经成为人工智能学习时代的新诉求。

---

① 景红娜,陈琳,赵雪萍.基于Moodle的深层学习研究[J].远程教育杂志,2011(3).
② 安富海.促进深度学习的课堂教学策略研究[J].课程·教材·教法,2014(11).
③ 郭元祥.课堂教学改革的基础与方向——兼论深度教学[J].教育研究与实验,2015(6).
④ 郭华.深度学习及其意义[J].课程·教材·教法,2016(11).
⑤ 曾明星.MOOC时期"深度学习"教育场域建构研究[M].长沙:中南大学出版社,2016.

二、深度学习概念辨析

(一) 深度学习、机器学习与人工智能

深度学习源于机器学习领域,被定义为"一系列试图使用多重非线性变换对数据进行多层抽象的算法"。机器学习算法是一种自动分析数据获得规律,并利用规律对未知数据进行预测的算法,是对人的意识、思维和信息获取过程的模拟,是一门人工智能科学。教育学领域的深度学习源于人工智能中多层神经网络的机器学习方法。深度学习、机器学习、人工智能的关系见图1-1。①

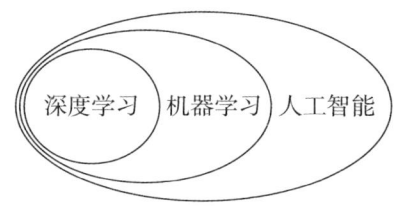

图1-1 深度学习、机器学习、人工智能的关系

具体来说,机器学习中的深度学习主要是指人工智能中的多层结构高级智能系统,其动机在于模拟人脑进行分析学习并形成相关神经网络,应用于图像及语音识别、阿尔法围棋等。相关的学习策略主要包括研究性学习(或科学探究)、多维表征学习、有思考的做中学、主动学习等。从实践层面来说,深度学习不只是 hands on,更重要的是 minds on。②

(二) 深度学习与浅层学习

基于对学生学习过程的实验研究,美国学者马顿(Ference Marton,1976)和萨尔约(Roger Saljo,1976)在《论学习的本质区别:结果和过程》一文中提出了两个相对应的学习概念,即深度学习和浅层学习。为了过关而被动地学习,以背诵记忆为主,而非理解,更谈不上与周围事物进行关联的孤立的学习,就是浅层学习;而在理解的基础上,学习者能够批判地学习新思想和事实,并将它们融入原

---

① 顾小清,冯园园,胡思畅.超越碎片化学习:语义图示与深度学习[J].中国电化教育,2015(3).
② 冯嘉慧.深度学习的内涵与策略——访俄亥俄州立大学包雷教授[J].全球教育展望,2017(9).

有的认知结构,能够在众多思想间进行联系,并能够将已有的知识迁移到新的情境中,做出决策和解决问题的学习,属于深度学习。① 深度学习是一种有意义的学习方式,要求学习者在学习过程中具有主动性和批判性,注重对新知识的批判性吸收;强调高阶认知目标和思维能力,要求学习者设定明确的学习目标,改进学习策略,在真实而复杂的情境中、具有挑战性的任务中借助问题解决的实践进行学习,以发展批判性思维、创新能力、合作精神、交往能力。深度学习与浅层学习特征比较见表1-2。

表 1-2 深度学习与浅层学习特征比较②

概念 特征 类别	深度学习	浅层学习
目标层次	应用、分析、评价、创造	知道、领会
思维层次	高阶思维(元认知、反思、多视角认知)	低阶思维
学习动机	内在需求(兴趣、终身发展)	外在压力(应付考试、家长等)
学习过程	主动建构 理解批判 信息整合、意义关联	机械记忆 被动接受 信息孤立分散
学习行为	高情感投入 高行为投入 复杂活动 关注解决问题所需的核心论点	低情感投入 低行为投入 简单活动 关注解决问题所需的程式
学习方式	自主学习、合作学习、探究学习、互动学习、线上线下混合学习	单一学习、被动学习、死记硬背、机械训练
学习环境	丰富的学习资源和学习工具	学习资源比较单一

① 何玲,黎加厚.促进学生深度学习[J].计算机教与学,2005(5).
② 曾明星.MOOC时期"深度学习"教育场域建构研究[M].长沙:中南大学出版社,2016.

（续表）

类别\特征\概念	深度学习	浅层学习
师生关系	教师是课程的设计者、活动的组织者、学习的引导者 学生是可以充分展示自我的个体	教师是统领 学生是听众
评价方式	学习契约、评价量规、质性评价、过程性评价	量化评价、总结性评价
学习结果	新旧知识建立联系 掌握复杂概念、深层知识等非结构化知识 知识迁移应用、问题解决 素质、能力全面发展	知识零散、孤立，不能建立意义关联 了解基本概念、原理等结构化知识 不能灵活应用所学知识 素质、能力未能全面发展

从深度学习的内涵来看，它注重迁移运用，要求学习者深入理解学习情境。学习者只有把握了情境的关键要素，才可明确差异，对新情境做出举一反三的准确判断，从而实现原则、思路的顺利迁移运用。倘若学习者不能将知识运用至新情境中来解决问题，仅是肤浅理解、机械记忆、简单复制，那么这种学习就仍停留在浅层学习的水平上。也就是说，只有学习者在已有知识经验的基础上建构新知识并迁移到相应的情境中，才可以说是达成了深度学习。[①]

虽然目前对深度学习的概念界定不一，但人们普遍认为深度学习的产品是可迁移的知识，其实质就是学习者掌握知识并学会迁移应用。

---

① 阎乃胜.深度学习视野下的课堂情境[J].教育发展研究，2013(12).

第二章　内涵：在课堂中落实立德树人根本任务

本章将从思政课教学内容角度讨论以下问题：
1. 思政课教学内容是否应该基于知识建构的体系？
2. 思政课教学内容是否应该基于能力建构的体系？
3. 思政课教学内容是否应该基于资源整合的体系？
4. 思政课教学内容是否应该包含学科方法论的体系？

思政课的教学内容是什么？这好像是一个不是问题的问题。有教师会说："大方向在课程标准中已经明确，具体的内容在教材中已经表明。"的确，这些都是思政课的教学内容，但问题的关键在于怎么在教学中呈现教材内容，以何种方式呈现，怎么实施"用教材教"。也有教师会说思政课的教学内容是落实社会主义核心价值观，这当然是对的，而且凸显了思政课德育主渠道的作用，但关键仍在于如何有效落实。针对同样的教材内容，每位教师都有不同的演绎方法，所达到的目的也是千差万别，甚至对于同一节课而言，教师基于不同的理解也会产生对课程内容完全不同的看法。

案例：创新是民族进步的灵魂

表 2-1 "创新是民族进步的灵魂"教学设计

环节	核心问题链	意图和目的	说明
导入＋了解认知起点	大家已经学过创新意识，请概述"创新"的概念。	突破、辩证、批判和发展。	了解学生的认知起点，从学生对于创新概念的表述中解构创新的要素，并深入分析。
反思	1. 请举例说明哪一种突破不是创新。 2. 你做出判断的原因是什么？ 3. 有了各种条件和基础以后也形成了突破，那么，怎么解释这些创新碰到的问题呢？ （1）这些我们现在公认的创新碰到了哪些问题？ （2）提出异议者错了吗？ （3）给我们的启示有哪些？	1. 反思概念，具体分析个案，对概念进行修正和补充。 2. 提出创新的条件和基础。 3. 社会氛围，辩证唯物的思维（尊重客观规律，实事求是，发展的、联系的、对立统一的观点），符合伦理。 4. 人类社会在一代又一代的创新者的努力下不断前进，从领域来说我们可以概括成三个，教材中也有相应表述。	1. 从抽象到演绎。 2. 经历自我质疑和自我反思的过程，发展理性思维。

（续表）

环节	核心问题链	意图和目的	说明
知识结构化	依据之前的学习，创新的作用可以归类到三个领域，我们也一起学习了创新需要的条件和基础，那么，创新所推动的这三个领域是什么关系？请把其内在关系表述出来。（小组讨论）	生产力发展、社会制度变革、思维进步三者不是并列关系，核心是思维进步。	知识结构化的过程。
创新与个人的关系	创新与我们每个人都有关系吗？有什么样的关系？	纠正观念，形成万众创新的意识。	建立创新与个人的关系。

这节课的教学设计没有按照教材内容顺序呈现，在听完课后有些教师不明白部分环节的设计意图，如为什么要设置抽象关键词、为什么要将关键词结构化、为什么要设置验证环节、这节课的正确价值观念是怎么实现的。这节课的教学设计中的确出现了很多思政课教师不常涉及的内容和环节，对于这些环节的认识会影响教师对课程价值的认识。例如，本节课重视知识逻辑体系，把知识理解成结构化的体系；把提升思政课所特有的学科能力作为教学内容，设计了抽象、结构、假设、验证等环节；把学习思政课的方法作为教学内容，设计了解读材料、整合材料等活动。

第一节 基于知识建构的体系

我们在评课时经常听到"这节课一共有多少个知识点""这节课的知识点落实得怎么样""这个知识点有没有讲清楚"之类的话，落实知识点也成为思政课教学中非常重要的内容，教师在备课时会为了落实知识点想出很多方法。在教学实践中，我们有时会看到那些精心设计的环节"看上去很美"，但效果一般，教师认为已经讲清和落实的知识点在学生脑中并未留下深刻印象。为何会产生这种设计与达成之间的落差呢？思政课应该落实的知识点到底是什么？思政课所教的知识点到底是什么？知识和学生是什么关系？本节主要探讨这样几个问题。

案例：经济社会全面发展

【教学导入】

师：2022年我国会举办一场重要的体育赛事，大家知道是什么吗？

生齐答：第24届冬季奥林匹克运动会。

师：举办一届成功的奥林匹克运动会（以下简称奥运会），需要巨大的人力、物力投入。奥运会的举办地大多是经济发达的国家和地区。大家都知道，我国已经成功地举办了2008年北京奥运会，我们来回顾一下。（演示幻灯片）我国作为一个发展中国家，成功举办奥运会的根本原因是什么？

幻灯片：

> 从2001年7月13日申办成功开始，为筹办好奥运会，我国编制了总额达2800多亿元的预算，涉及多个方面。据北京市发展和改革委员会奥运经济高级顾问黄为提供的统计和测算数据，我国对2008年北京奥运会总投入达到5200亿元。他解释说："原因是多方面的，首先是全球原材料价格的上涨，如近年来铁矿石涨幅接近160%，其他很多建筑材料价格也有大幅度的增长；其次是一些额外投入，如原定规划的改变导致的投入增加。"

（学生讨论后回答，略）

师总结：根本原因在于，改革开放以来，我国坚持以经济建设为中心，大力发展社会生产力，积累了雄厚的物质基础。

【操作平台】

师：请大家谈谈怎样理解以经济建设为中心？

（学习指导：请学生看书，理解"以经济建设为中心就是在国家的各项工作、任务中，经济建设是中心任务，其他一切任务都要服从和服务于这个中心，围绕这个中心"，并把握以经济建设为中心的重要性。）

1. 把握以经济建设为中心的重要性

改革开放以来,我国坚持以经济建设为中心,集中全国人民的智慧和力量,聚精会神搞建设,一心一意谋发展,立足我国经济还不发达的现实条件,顺应世界经济迅速发展的时代潮流,不断探索促进生产力发展的新途径,迅速地提高了社会生产力。

(实证资料:1978年—2019年我国国内生产总值增长情况、1978年—2019年我国人均国内生产总值增长情况。)

2. 正确认识我国经济建设取得的巨大成就

师:我国经济建设取得了巨大成就。这是否意味着我国现代化建设的任务已基本完成?为什么?如何进一步促进经济和社会的发展?

(学习指导:请学生联系教材第8页"想一想"的内容和第9页的图片,进行思考和讨论。)

【总结转换】

师:我国经济建设的成就举世瞩目,但首先要看到,人口多、不发达仍是我国目前的主要特征,我国仍然是一个发展中国家,必须坚持以经济建设为中心不动摇;其次要看到,我国在经济发展过程中仍存在地区和城乡发展不平衡、收入差距扩大、资源短缺、环境污染等问题。

案例中的授课教师Z老师是一位有着丰富教学经验的中年男教师,教龄20年以上。由于有高校教学的经历,他在上课的过程中比较注重对知识点的讲解,经常使用的讲解方法是"知识点⇨事例"或"事例⇨知识点"。学生在上课的过程中不断地将他的板书记在笔记本上。他认为,作为显性的德育课程,思政课应该尽力把价值观教育显性化,要有价值观灌输的过程。

从教学设计中我们可以梳理出这节课的推进线索:从中国成功举办2008年北京奥运会入手,循着"举办奥运会投入巨大⇨离不开雄厚的物质基础⇨以经济建设为中心的重要性⇨我国经济建设取得的巨大成就⇨推动各项事业发展⇨全面认识我国经济建设取得的成就⇨坚持科学发展,促进经济和社会的全面发展"的逻辑展开。按照传统的标准评价这节课,教材中的知识点都讲到了,能激发起学生的爱国情感,又与时政紧密相连,是一节好课。但在课堂上,学生的体验并不好。学生对教师指令的完成度不高,整节课基本没有生成。

教师的设计意图是:本课的着眼点不是把理论知识讲深讲透,而是力求让学生在了解相关知识的基础上,初步感受高中阶段思想政治学科学习的思维深度;力求引导学生关注社会热点问题并进行理性思考,在思考中感受知识的联系,进而认同党和国家的大政方针,增强公民责任意识。不难发现,教师的教学设计和设计意图并不完全契合,从学生课后反馈情况看,其知识点掌握情况和价值观实现情况都不理想。

为什么会产生这样的问题呢?到底是哪个环节出了问题?教师需要在观念上做出怎样的改变呢?

一、知识与知识点

"知识"与"知识点"是两个不同的概念。有权威词典把知识定义为"人们在社会实践中所获得的认识和经验的总和"。有权威百科全书认为,知识是人类认识的成果或结晶。虽表述不同,但它们都把"知识"与"认识知识"联系起来。就知识的内容而言,它反映的是客观世界的各类现象及其属性,但是,如果没有人的实践活动,这些客观存在就不会被发现,更不会被研究和提炼。

有国内研究者认为,知识是一个认知的概念,它首先表现为人类的经验感知,其次才是更高层级的加工、类化、抽象、分析、应用等认识活动,并且在这个活动过程中,必定包含着人对自身实践行为的反思和评价;知识是具有完全开放性的系统,随着人的认识方式改变而改变。有国外研究者认为,任何知识的产生,都是认识改变和重新建构结构的结果,以数学为例,"……不管基础集的性质如何,都可以把集的共同特性抽象出来,而建构结构……那么所有的结构便是多值的。所以全部数学都可以按照结构的建构来考虑,而这种建构结构是完全开放的。"基于这样的理解,知识应该包括选择对象、实践活动、提炼反思三种关键要素,这三种要素都与人的认识活动相关。知识的最终呈现方式是处于认识终端的结论,可以表现为概念和原理,但本质上是一种过程的揭示与探究的方法。

当知识需要被传递时，接受者会对知识内在核心要素进行梳理和强化，形成基本的概念或原理，以便学习和理解。准确地说，这是在知识传递过程中所产生的一种解释知识与学习知识的表现方式。从知识到知识点，本质上是一个知识学习的压缩与转化过程，在其中，必定压缩了知识的形成、认识、反思、实践过程，把原本的认知行为简化成了观点与结论。因此，从某种意义上来说，知识点是认知过程的主观选择，它指向知识内容的单体性特征，无法反映知识整体性与系统性的建构过程，或者说，它只是对知识的一种分解性的认识与反映，是对认识过程的截取。

建构知识框架的学习是有意义的学习，而有意义的学习是教育的重要目标。这要求教学不能简单呈现事实性的知识，评测也不能仅要求学生简单回忆或识别事实性知识，而应该更多地体现保持和迁移。

思政课的知识涉及多个领域，不仅包括经济常识、政治常识、哲学常识，还包括其他许多知识，具有整体性和系统性的特征。知识系统化是指把已有认知与社会实践相结合，在脑中形成逻辑结构的过程，是人类认知过程的结果。因此，思政课的教学内容应该是结构化的逻辑内容。

但在实际教学中，部分教师往往只重视知识内容的单体性，重结论，轻推导，重灌输，缺引导。学生对于知识点的掌握则主要靠机械记忆。要想改变这种情况，教师应该从思政课的知识本身入手，注重基于逻辑体系的知识结构。

思政课的理论魅力就在于形成逻辑关系，促进结构性的知识生成。把若干孤立知识点用某种或某几种方式结构化地呈现，这样的理论才经得起推敲和检验，更容易得到认同。

二、知识逻辑结构的建立及其效用

建立知识逻辑结构包括建立单一知识点内涵和外延之间的联系、建立不同知识点内涵和外延之间的联系。我们认为，教师在进行教学设计前应形成一张以本课核心概念为中心的逻辑结构图。这张结构图就是本课的知识逻辑线索，其主要作用在于形成知识网络,便于教师处理教材中单个知识点和整个知识体系的关系,开阔思路,加强教学设计的有效性。以产业结构为核心的知识逻辑结构见图2-1。

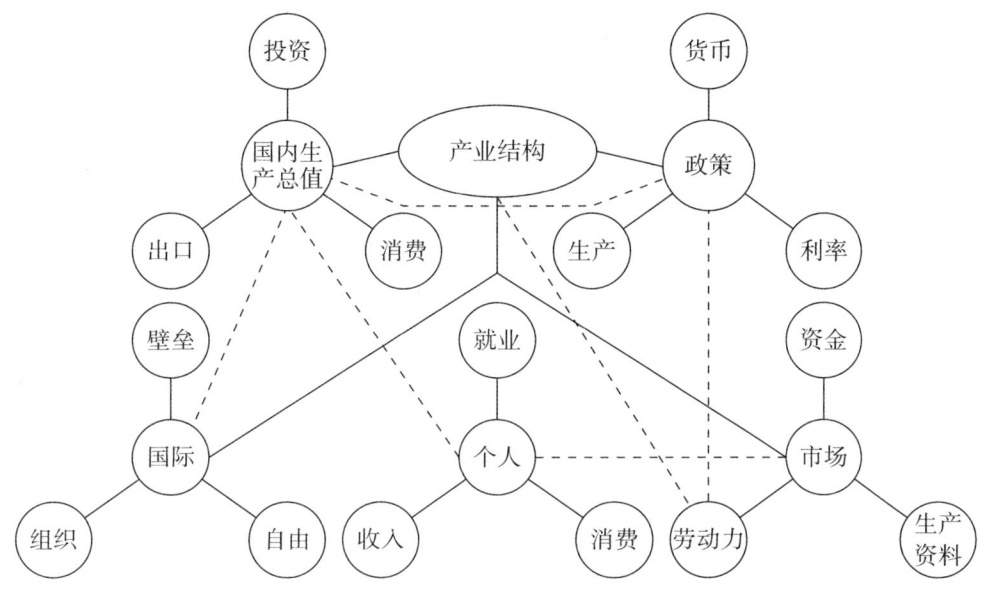

图2-1 以产业结构为核心的知识逻辑结构

（一）知识逻辑结构建立的基础是把握学生的认知起点

案例:产业结构调整及其对劳动就业的影响

【第一环节】

(教师用课前调查结果导入,把学生认知起点作为教学逻辑起点和推进动力。)

师:课前我请大家思考了四个问题,我们先回顾一下。第一个问题:说到产业结构,你们能想到哪三个关键词？大家的答案比较集中,主要包括三大产业、相对比重、国内生产总值(以下简称GDP)。Z同学,你怎么会想到写GDP?

生Z:说到产业结构,我就想到了三大产业,然后就想到了经济,接着就想到了GDP。

师：原来你是从经济想到了GDP。很多同学也写到了就业，因为我们的课题就是"产业结构调整及其对劳动就业的影响"。还有同学写到了消费。接着，我们来回顾第二个问题：请用你认为最合适的方式把产业结构变化的意思表达出来。大家回答的内容都一样，但形式有所不同，有文字，有表格，也有图示。G同学，你是用文字来表述的，请告诉我这些文字是从哪里来的。

生G：以前学过的教材中。

师：非常好。Z同学也是用文字来表述的，但老师注意到他在第一产业边上标注了"不断下降"，在第二产业边上标注了"总体上升，偶有回落"，在第三产业边上标注了"不断发展，比例不断上升"。请Z同学来说明一下。

生Z：第一产业和第三产业的变化很容易理解。第二产业的比重总体是上升的，但也在不断变化，有高有低，所以说"偶有回落"。

师：你说得太好了！谁能举一个实例说明这种变化？

生L：现在有很多农民来城市务工……

师：你的意思是，用工变化可以反映出产业的变化。你们有没有发现书上有个现成的例子？（等待2分钟）请大家把书翻到第82页，这里举了哪里的例子？

生W：上海。

师：对。所以，我们不能简单讲结论，还要找到实证，认真读教材。教材中的例子融入了很多专家的智慧，可以帮助我们理解。我们接着回顾第三个问题：请用几个关键词说明产业结构变化的主要原因。我发现，很多同学在解释原因时都提到了科学技术，这可能与你们过去学的知识点有关，教材上就是这么写的。除了科学技术，还有其他原因吗？（学生无应答）好，暂时没有，我们先回顾第四个问题：有人认为，产业结构变化会影响劳动就业，你是否同意这个观点？请说明理由。大家都回答了"是"，还有同学非常认真地写到了配第—克拉克定理。

本课第一环节的展开基于学生的认知起点。可以这么说，知识逻辑结构建立的基础是把握学生的认知起点。

思政课的学科属性决定了每个学生对各种社会现象的认识深度和广度存

在很大的差别,学生已有的认知就是教师教学设计的起点。教师必须掌握学生的认知情况,这样才能使其在原有的水平上有所提高。在社会快速发展、信息资源丰富的今天,学生获得信息的渠道并不比教师少,因此,教师必须在了解学生认知起点上花时间。

把握学生认知起点的方式有很多,包括谈话、问卷调查等。把握学生认知起点的关键不在形式,而在其功能。教师把握学生认知起点后可以对教学设计进行及时调整,围绕学生学习的核心点进行有效设计。这可能是学生在课程中获益的基础。

(二)思政课的知识逻辑结构建立是通过方法论教学来实现的

【第二环节】

师:现在,关于四个问题的信息都在投影上,请大家试着根据这些信息绘制产业结构关系图。

(学生绘制关系图)

师:大家绘制的关系图其实是一种简单的模型。经济学注重建立模型,但这绝不意味着建立模型就可以解决问题了,还要用数据说话。接下来我们根据同学们的所思所想进行建构。Z同学,你会用哪些数据来印证自己的结论?

生 Z:GDP。

师:请你在模型边上写一下GDP。大家还需要什么?

生 Z:产业结构图的相关数据。

生 G:就业比例图的相关数据。

生 L:消费图的相关数据。

生 W:就业数据。

师:请猜想一下这些就业数据会呈现怎样的趋势?它和GDP的关系是怎么样的?

生 W:上升趋势,随着GDP的增长而上升。

师:消费数据呢?

生 L:也呈上升趋势。

师:经济学表达就业有一个系数,叫作就业弹性系数。就业弹性系数＝就业人数增长率/GDP增长率。在GDP增长率不变的情况下,如果就业人数增长率增大的话,这个系数会怎么样?

生L:变大。

师:所谓就业弹性系数,就是指GDP每增长一个百分点,就业人数会增长多少个百分点。在20世纪80年代,我国的就业弹性系数为0.34,增加就业人员240万人左右。在20世纪90年代,我国的就业弹性系数为0.12,增加就业人员80万人左右。到2003年,我国的就业弹性系数为0.1,增加就业人员76万人左右。据统计,2005年至2014年我国高校毕业生就业率每年都在75%左右,如果绘制趋势图,是向上还是向下?

生齐答:向下。

师:2016年,我国很多应届毕业生面临就业挑战……同学们,你们有何感想?

(学生回答略)

师:我们再来看看消费率。消费率反映了一个国家生产的产品用于最终消费的比重,是衡量国民经济中消费比重的重要指标。

……

师:请整合产业结构比例、就业比例、GDP、就业情况、消费情况等信息,说说你对目前产业结构的初步判断。

……

这节课在思政课方法论教学上具有重要的示范作用。思政课作为一门学科应该有其独特的学习方法,与这些学习方法相对应的是不同的认知能力,无论是学习方法还是认知能力都应该是多维的、多角度的。如在本节课中,绘制知识结构图、寻找验证资料、验证知识结构图等环节的设置为建立知识逻辑结构提供了基础。学生不仅掌握了知识逻辑结构,还习得了学习方法。

当然,这是一节非常值得回味的课,从中我们可以得到丰富的教学信息。就知识逻辑结构而言,这节课所涉及的产业结构的要素非常多。教师引导学生用不同的形式呈现,既有利于学生掌握知识,又有利于学生增强学习能力,还有利于学生对社会现象进行有依据的预测和判断。知识逻辑结构图的构建不仅在教师教学中发挥了核心作用,还检验了学生的学习效果。知识逻辑结构图体现了学生学习能力、接受能力、学习效果等方面的信息,也反映出教师的知识结构、教学设计适切度、教学效果等。

第二节　基于能力建构的体系

有教师认为,知识和能力是可以割裂的,教学过程中可以分开施教。真的是这样吗?知识和能力之间到底是什么关系?

也有教师认为,思政课应更多地关注知识点的强化教育,关注应试技巧和反复练习。高一、高二的思政课和高三的思政课有着不同的目标指向,具体来说,高一、高二更多关注价值观,高三更多关注知识点落实。这种对于课程价值的不当理解直接影响了这部分教师的教学。那么,知识和价值观、能力和价值观之间到底是什么关系呢?

案例:和平与发展是当今时代的主题

【导入新课】

用"二战"照片引入。

【讲授新课】

一、历史的沉思,时代的启示

引导学生反思:"二战"爆发的原因是什么?

探究活动1:"二战"后,人类同样面临许多问题,为什么没有用大规模毁灭性的战争手段来解决问题呢?

结论:战争不仅不能解决人类的发展问题,还会给人类带来巨大的灾难。

二、呼唤和平、促进发展的历史潮流

和平问题是指维护世界和平、防止新的世界战争的问题。

启发学生思考：导致当今世界仍不安宁的因素有哪些呢？能否举例说明。

（学生举例说明，略）

三、维护和平、促进发展的有效途径

探究活动2：怎样解决不合理的旧秩序问题？

演示幻灯片：联合国千年发展目标。

启发学生思考：为什么要制定联合国千年发展目标？

结论：全球化问题需要大家共同应对。

演示幻灯片：G20峰会与会领导人的表情照片。

结论："金砖国家"领导人的表情更加自信。这说明，"金砖国家"作为新兴经济体大国，在应对全球性金融危机中能够发挥自己应有的作用。我们通过照片看到的不只是世界经济发展趋势，还有国际格局变化。在人们对世界和平与发展的探索、反思和推进过程中，中国作为一个负责任的大国，提出了构建"和谐世界"的主张。

我们可以从教学设计中整理出这节课的核心问题："二战"爆发的原因是什么？"二战"后为什么人类没有用大规模毁灭性的战争手段来解决问题？导致当今世界仍不安宁的因素有哪些？贫富差距巨大的问题怎么解决？为什么会有人反对全球化？

整理出这节课的核心问题后我们不难发现：教师提的问题很大，学生很难找到切入口，这势必造成学生的回答大而空；问题的能力指向是单一的、平面化的，基本没有体现出梯度。

案例中所反映出的问题，其实是指向思政课课程价值的问题：思政课中的知识与能力是什么关系？思政课到底教什么？

一、知识与能力

依据上一节的内容，思政课应当关注知识逻辑结构。那么，是什么在支撑学习者和施教者建立知识逻辑结构呢？学习者用什么来内化知识逻辑结构呢？学习者把已经内化的知识逻辑结构外显的支撑又是什么呢？

要想回答上述问题，我们首先要考虑教育目标。布卢姆认为：教育的两个重要目的是促进学习的保持和学习的迁移（迁移的出现是有意义学习的标志）[①]。可见，教育目标并不是简单的知识点的习得，而是促进和保持学习，而促进和保持学习的支撑点就是能力。

知识学习必须经过认知过程，不同的认知过程体现出不同的能力，不同的能力又对知识学习起到促进或延迟作用。所以，知识和能力从来就是不可分割的。

知识的学习和能力的提升是一个相互作用的过程。两者很难说谁在前谁在后，知识学习的过程往往会伴随着能力的提升。

本节所指的基于能力建构的体系是基于能力提升而言的。所谓能力提升，指的是在知识学习的过程中作为支撑的认知维度通过设计达到多维化的目标。不同的认知维度设计体现的能力要求也有所不同。知识的学习有很多手段，在一节课中或一个教学阶段中，教师应该根据不同的知识逻辑采用不同的认知维度组合，从而提升学生的学习能力，使其更有效地学习。

比如，基本经济制度主要内容的学习可以通过背诵的方式实现，也可以通过举例论证的方式实现，后一种比前一种有所提高，但这两种方式所带来的能力训练都是平面的，只抽取了学生已有的单一认知能力；如果教师基于知识逻辑结构设计了包括回忆、提取、释义、概括、归类、整合、判断、建构等认知维度在内的能力目标，对认知过程进行了新的整合，使学生在此过程中得到了新的认知体验，就能提升学生的能力，也就达到了基于能力目标进行设计的目的。

所以，就知识和能力的关系而言，两者涵盖的内容是相互联系的，前者是载体，后者是手段，必须同时出现。设计时，教师既要体现出已有的课程观，又要体现出自身对于知识和能力的理解。

---

① ［美］洛林·W.安德森,等.布卢姆教育目标分类学修订版（完整版） 分类学视野下的学与教及其测评[M].蒋小平,等译. 北京:外语教学与研究出版社,2009.

案例：真理和价值(第二课时)

表 2-2 "真理和价值(第二课时)"教学设计

环节	问题链	能力指向
承接上节课	是非探讨。 • 评价是非有标准吗？ • 为什么要判断是非？	评价和设计
环节一：课前任务	古今中外关于真理的观点。 • 能对这些观点进行归类吗？请说出归类的依据。	分析，归类，整合
环节二：基于实践的真理观引入	真理的特征与定义。 • 基于前面所学的知识，你认为真理有哪些特征？ • 能给真理下个定义吗？	概括，综合
环节三：前后两课知识结构化	马克思主义的真理观。 • 能用实践和认识的关系解释马克思主义的真理观吗？	比较，分析，综合
环节四：真理与人类	1. 人为什么要追求真理？ • 你认为人为什么要追求真理？怎么理解"吾爱吾师，吾更爱真理"这句话？ • 你能验证自己的观点吗？ 2. 阅读一则你感兴趣的关于真理的故事。（材料包） • 能用你前面的观点解释这则故事吗？如果不行的话，需要补充哪些材料？	1. 价值判断，假设—验证 2. 提取有用信息，分析综合
环节五：真理与个人生活	真理与个人生活（我） • 真理与个人生活有关系吗？两者是什么关系？	设计
环节六：拓展	1. 假说、真理、谬误 • 历史上多次出现这样的情况：从假说到真理，或从真理到谬误，或从谬误到真理，或从假说到真理再到谬误。你能找到相关故事并用所学知识解释这些现象吗？ 2. 科学与真理 • 科学的就是真理吗？ • 真理就是科学的吗？ 请评价以上观点并验证。	分析，综合

Z老师整个教学设计环环相扣，符合学生的认知规律，符合能力梯度的设计要求，把知识结构和能力提升有机结合，提高了教学的有效性。

二、搭建支架

支架式教学是建构主义的教学方法之一。它把"最近发展区"理论作为依据。学生智力发展涉及现有发展水平和潜在发展水平，这两种水平之间的区域称为"最近发展区"。

教学应借助支架的作用，对复杂的学习任务进行分解，不断创造新的"最近发展区"，提升学生的能力。课堂是学生学习的地方，每个学生都要对自己的学习负责。

案例中课堂教学推进的动力是学生的生成，学生的生成源于教师布置的任务。为了促进学生的生成，教师提供了文献阅读材料，学生则结合教材、文献阅读材料和学习经验主动探索。在这个过程中，问题链的设计需要符合循序渐进的原则，能为学生完成任务提供依据。

三、基于问题的能力设计

能力梯度实现的载体主要包括问题链、阅读材料等。其中，基于逻辑的问题链设计重要，仍要基于学生的认知起点。基于问题逻辑的能力梯度设计和基于逻辑的知识结构关系密切，后者是前者的依据，前者通过能力梯度的体现与后者形成互相促进、螺旋上升的关系。

在设计有效提问的问题时，我们可以参考表2-3。[1]

---

[1] [美]杰姬·阿克里·沃尔什,贝丝·丹克特·萨特.优质提问教学法——让每个学生都参与学习(第二版)[M].盛群力,等译.北京:中国轻工业出版社,2018.

表 2-3　优质提问教学课堂

共同的信念	行为		学生的表现
• 优质的问题能够帮助学生进行学习 • 所有的学生都能对所有的问题进行回答 • 所有学生的回答都是值得尊重的 • 思考时间是很重要的 • 学生在迷惑或好奇的时候会提出问题 • 所有的学生都会思考和推理——而不仅仅是死记硬背 • 发散性思维是很重要的 • 并不是所有的问题都有一个标准答案	教师 • 所提出的问题要清晰、集中和有目的性 • 所提出的问题要包括各种认知水平 • 在提出问题后允许等待时间1 • 在学生回答后允许等待时间2 • 给予每个学生平等回答的机会 • 允许并鼓励学生提问 在学生口头回答的过程中，教师 • 运用多样化的问答模式 • 给予合适的反馈 • 帮助学生正确地进行回答——重新解释问题，鼓励，在必要的时候给予提示 • 保证所有的学生都能听到正确的答案	在讨论的过程中，教师 • 深入探究和重新引导 • 鼓励学生与其他学生进行互动 学生 • 重视所有的问题和答案 • 思考所有问题的答案 • 积极回答大声提出的问题 • 在合适的认知水平上回答问题 • 运用等待时间来考虑答案 • 在提出问题的时候给其他的学生等待时间 • 在迷惑的时候提出问题 • 在好奇的时候提出问题 • 对事实做出解释	在课堂上，学生 • 知道事实 • 将理解建立在事实的基础上 • 用知识来解决问题并做出决定 • 产生新的思想和观念 • 建立联系并得出结论 • 假设并进行推断 • 了解并运用有效的提问技巧： ——重新解释问题，提示，探究和引导 ——运用等待时间1和2 ——给予有意义的反馈 ——在不同的认知水平上提问 • 深入地思考并回答教师和同学的问题 • 提出大量高质量的问题

能力提升目标的实现需要长期努力和反复实践、反复训练，所以，应该注重日常积累。思政课的课程价值在于教给学生科学的思维方法，培养学生的价值判断能力，使学生完善自身的知识结构，实现终身发展。

第三节　基于资源整合的体系

思政课的教学离不开各种资源，但在资源使用中教师往往会碰到很多问题：思政课需要哪些资源？思政课有哪些资源？思政课的资源来自哪里？我们怎么选择资源？思政课的资源与哪些要素有关？本节将回答这些问题。

📝 案例：价值和价值观

W老师主要使用了《士兵突击》中许三多这个艺术形象来阐述价值和价值观。整节课共播放了3段视频，总时长超过10分钟；提供了27张演示文稿，其有6张是介绍这部电视剧的。

在具体教学实践中，W老师播放的视频内容并未取得良好的效果。究其原因，主要有三点：(1)这类资源的爱好者是教师，教师把自己的兴奋点当作学生的兴奋点；(2)依照学生的生活经验，尤其是发达地区学生的成长经历，他们很难充分理解人物的价值观；(3)在课中多次、长时间使用单一资源，不利于激发学生的学习兴趣。

基于此，我们可以提出这样的疑问：资源使用的度在哪里？怎样的资源才能契合学生的兴奋点？到底应该使用哪些形式的资源？

一、了解思政课需要的资源

思政课的资源应该延伸和放大教学内容。基于这个观点，思政课的教学资源应该是经过整合的，而且一定要源于学生。从学生那里获得的资源是组织教学的重要资源。

📝 案例："人民代表大会制度"一课中使用的教学案例

《中华人民共和国民法典》编纂过程：

民法典是一个国家民事领域的根本大法，以保障私权利为核心。它维系着市场交易准则，是民事裁判的依据。民法典的制定是我国几代法律人共同的心愿。

1986年4月，全国人民代表大会(以下简称全国人大)通过《民法通则》。颁布这一具有民法总则性质的民法基本法，具有里程碑意义。

2014年10月，党的十八届四中全会通过了《中共中央关于全面推进依法治国若干重大问题的决定》，明确提出要编纂民法典。

2015年3月，全国人大常委会法制工作委员会牵头最高人民法院、最高人民检察院、国务院法制办、中国社会科学院、中国法学会，开展民法典编纂工作。

2016年6月，民法总则草案提请全国人大常委会初次审议，标志着民法典编纂工作进入立法程序；7月，民法总则草案在中国人大网公布并向社会公开征求意见，约有13802人参与，提出了65093条修改意见。

2017年3月，民法总则草案提请全国人大会议审议并通过，自2017年10月1日起施行。

2018年8月，民法典各分编草案提请全国人大常委会审议；12月，民法典侵权责任编草案、民法典合同编草案二审稿提请全国人大常委会审议。

2019年6月，全国人大常委会审议了民法典婚姻家庭编草案和民法典继承编草案；12月，相关部门对民法典各分编草案进行修改完善，形成了《民法典（草案）》，涉及总则编、物权编、合同编、人格权编、婚姻家庭编、继承编、侵权责任编、附则，提请全国人大常委会审议；随后，全国人大常委会会议表决通过并决定把民法典草案提请2020年全国人大会议审议。

教学案例的编写说明：

根据拟定的教学主题，围绕教学问题的设置，教师收集整理了《中华人民共和国民法典》出台的一些过程性资料，以全国人大及其常委会的立法程序为主，以地方人大的工作为辅，编制了教学案例。

以立法程序为主编写案例，是因为立法权具有重要意义。首先，现代民主国家也应当是法治国家，民主越发展，法治越完备。借助立法过程，可以把课本上介绍的知识有机整合在一起。其次，全国人大及其常委会拥有立法权，可以通过宪法和制定法律，建立一整套有关国家生活的制度。因此，人民代表大会制度是建立其他有关国家管理制度的基础，是我国的根本政治制度。

该案例的内容全部是经过整合和编写的，每个要素都指向明确的教学目标和教学内容。我们认为，这样的资源是经过整合的，指向明确。

二、掌握资源整合的方法

资源整合的方法很多,使用时应注意三点:(1)整合的资源应该包括学生资源和预设资源;(2)明确资源整合的目的;(3)课堂教学时间有限,应该提高资源使用效率。

案例:"文化创新的途径"一课中的学习材料

【第一组材料】

元青花产生的基础是宋代青白瓷工艺的成熟。元青花题材众多,有花卉、鱼藻、翎毛走兽、人物等。元青花早期的题材大多是花卉、翎毛走兽,后期出现了大量戏剧故事,注重画人物。元青花对后世的永宣青花、成弘青花及清朝的青花瓷器产生了深远的影响。元青花在中国瓷器史上具有重要作用。

——根据多种资料编写

【第二组材料】

公元前五世纪是人类文明的"轴心时代",各大文明都出现了伟大的精神导师——古希腊有苏格拉底、柏拉图、亚里士多德,古印度有释迦牟尼,中国有孔子、老子……他们提出的思想原则塑造了不同的文化传统,深刻影响人类的生活。古希腊哲学家在思考着精神自由,古印度哲学家在思考着灵魂解脱,中国哲学家在思考着"社会管理都是文化大创新,都是把人类从蒙昧中拉出,只是方向不同"。

人类的精神基础同时或独立地在中国、古印度、古希腊开始奠定,而且直到今天,人类仍然附着在这种基础之上。

——摘自雅斯贝尔斯《历史的起源与目标》

【第三组材料】

战国时期齐国的文化圣地,是稷下学宫,又称稷下之学,战国时期田齐的官办高等学府,始建于齐桓公。当时齐国在经济上相当繁荣,政府给稷下学宫的学者提供了很好的生活待遇,并赋予他们极高的社会地位。学者针对时政的褒贬,政府一概不予追究。学宫当时在齐国的功能,既是智库,又是学堂,还是一个交流思想文化的场所。这里的每位学者的人格和思想都会获得充分的尊重，因此也就获得了独立的发展。众多学者中名气较大的是孟子和荀子。

——摘自余秋雨《天下学宫》

资本主义生产的最初萌芽，在14世纪和15世纪，已经稀疏地可以在地中海沿岸的若干城市看到。其中，位于意大利中部的工商业中心佛罗伦萨尤为突出，其资本主义生产形态发育较为典型。

——摘自马克思《资本论》

文艺复兴的心脏是佛罗伦萨，当时的统治者是美第奇家族，其对文艺复兴的支持体现在巨额资金、行政权力、鉴识能力三方面。

第一，文艺复兴是由许多大的作品来支撑的，壮丽的建筑和巨幅的壁画都价格不菲，美第奇家族的资金注入至关重要。第二，文艺复兴是一场挑战，一系列全新的观念和行为势必引来广泛关注，美第奇家族通过行政权力保证了创新的顺利进行。第三，美第奇家族有着高超的鉴识能力。这种鉴识能力既包括对古希腊艺术文化的熟知，又包括对新时代文化趋向的敏感，通过设立柏拉图学园、雕塑学校和图书馆，从欧洲各地招揽人才研讨琢磨，结果不仅使家族成员，更使佛罗伦萨市民大幅度地提高了文化评判水准。

——摘自保罗·斯特拉森《美第奇家族：文艺复兴的教父们》

本课的教学资源和教学环节高度契合，主要体现在：

环节一：提到文化创新，你能列举出人类历史上具有代表性的人、事、物吗？

目标指向：把握学生的认知起点，了解学生对文化创新概念的理解情况，帮助学生结构化思考上一节课所学的知识。

环节二：文化创新的标准有哪些？

1. 为什么举这些例子？你认为它们代表文化创新的依据是什么？

目标指向：整合学生已知的资源；与上一个问题形成递进关系。

2. 根据刚刚的讨论，你认为元青花符合文化创新的标准吗？判断时还需要哪些资料？

目标指向：学生生成资源与教师预设资源相结合；实现更高的能力设计。

3. 根据材料,归纳元青花成功的原因。

目标指向:(1)阅读材料时会用到多种能力,如阅读能力、总结能力、抽象能力,作为一门社会学科,思政学科应该调动学生既有能力以提升其学科学习能力;(2)思政课中教师提供的资源必须让学生有话可说,并且是有依据地说,要达到这样目的的资源一定是经过整合的资源,此时,资源便是学生能力提升的支架。

环节三:支撑文化创新的要素有哪些?

1. 有了大家归纳的条件,文化创新就能够完成了吗?还需要其他支持吗?

目标指向:问题链的设计环环相扣,始终抓住生成资源推进教学。第二小问旨在巩固学习方法,切实提高学生的能力。

2. 验证假设时需要哪些支持?

目标指向:基于诸多问题,能力要求不断提高。从教师准备的材料来看,第二组材料有紧密的内在逻辑关系,解读第二组材料的能力要求比第一组材料高。当然,资源逻辑关系形成的支撑点是基于逻辑的知识结构。

3. 请用"验证—假设—综合"的方法分析"在几乎同一时期,几大文明都完成了有关'人类终极关怀'的文化创新,且有如此美妙的分工"的原因。

目标指向:教师提供的经过整合的资源逻辑性更强,对解读能力要求更高。教师希望学生在不同的情境中整合已有的认知,获得更高层次的能力。该问题把整合的资源和前两个教学环节作为支架。

总之,思政课教师应该更多地关注自身提供的资源会对学生产生什么影响?能够维持多长时间?教师提供的资源与学生的认知起点之间是什么关系?教师提供的资源目的性和指向性是否明确?使用效率怎么样?教师提供的资源能让学生有依据地表述观点并实现能力提升吗?这些问题的解决需要教师付出大量的努力。

三、形成清晰的逻辑主线

教师在教学设计中要有清晰的逻辑主线。清晰的逻辑主线有利于教师在教学实施过程中明确目标。

📝 案例：文化创新的途径

这是一节全国公开课，前后经过数次试讲，每次试讲后教师都会对教学环节和教学内容进行调整。无论怎么调整，教师最先做的都是明确逻辑主线。

【第一稿】

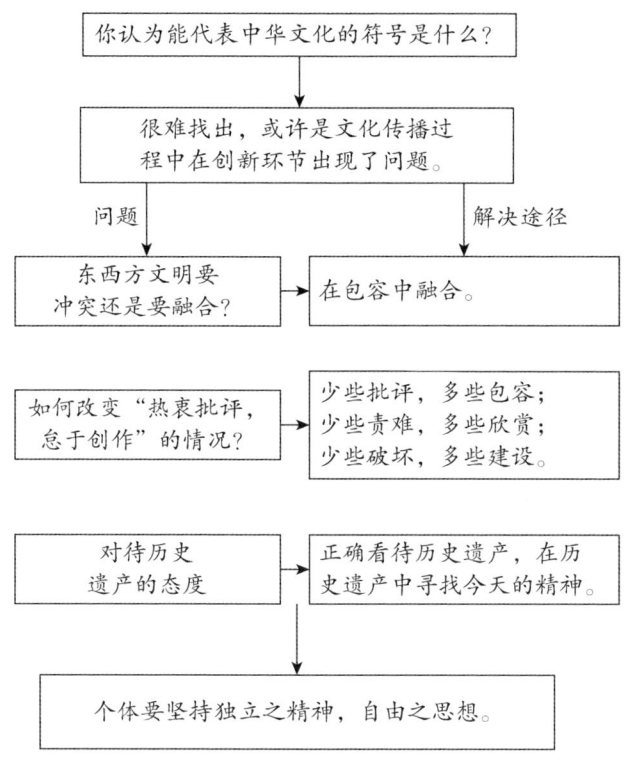

图2-2 第一稿教学设计

逻辑主线：

逻辑线索1：你认为能代表中华文化的符号是什么？课前，Z老师调查了学生的认知起点，发现学生并不清楚能代表中华文化的符号。基于此，教师引导学生思考，或许是文化传播过程中在创新环节出现了问题。

逻辑线索2：引出文化传播过程中出现的三个问题（教师预设，希望由学生生成问题，如果学生生成不顺利，则由教师引导）并寻求相应的解决途径。

逻辑终点:个体要坚持独立之精神,自由之思想。

第一稿在试讲中发生了很多意外情况。由于缺乏相关知识,学生寻找问题以及问题解决途径的过程非常不顺利。这个逻辑主线与学生的认知起点有距离,所以弃用。

【第二稿】

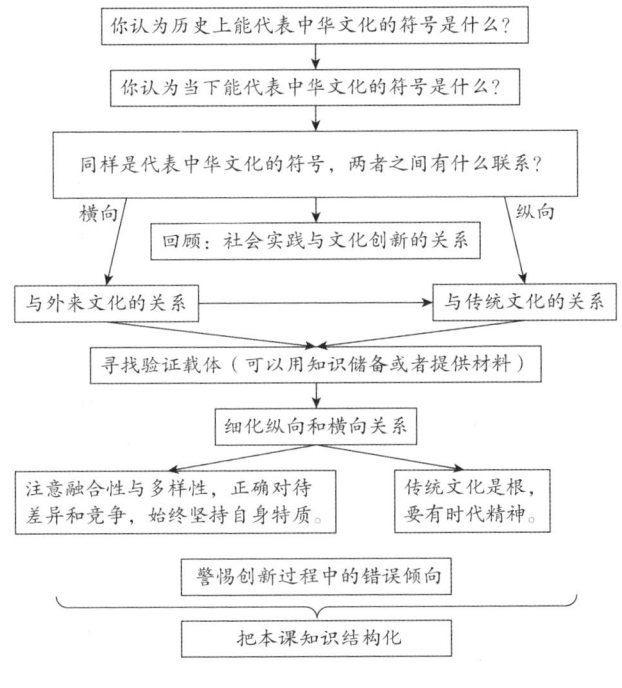

图 2-3 第二稿教学设计

逻辑主线:

逻辑线索 1:(1)你认为历史上能代表中华文化的符号是什么?(2)你认为当下能代表中华文化的符号是什么?(3)同样是代表中华文化的符号,两者之间有什么联系?

逻辑线索 2:分析横向和纵向关系,寻找验证载体。

总结:(1)文化创新过程中要注意融合性与多样性,正确对待差异和竞争,始终坚持自身特质;(2)传统文化是根,要有时代精神;(3)警惕创新过程中的错误倾向。

第二稿在试讲中效果不够理想。究其原因,一是逻辑设计与学生的认知起点有距离;二是学习方法上引导不足;三是逻辑设计的高度不够,教师应把本课知识结构化。

【第三稿】

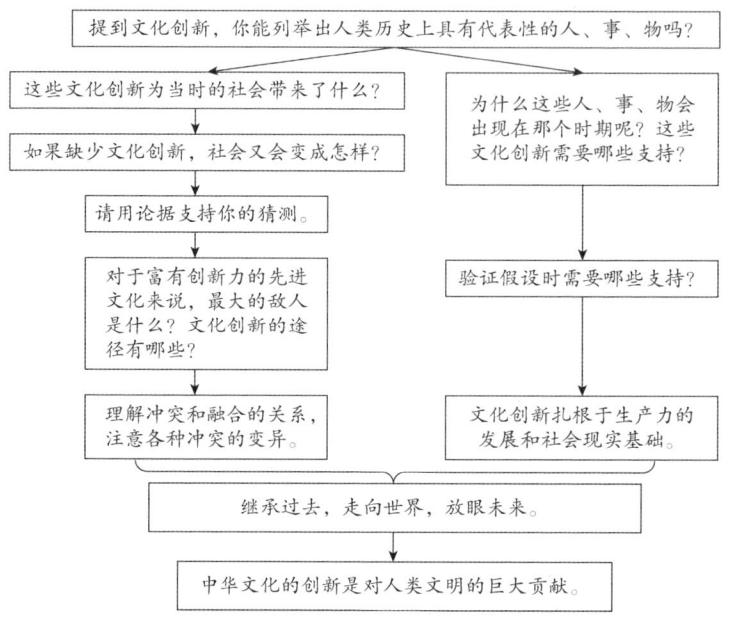

图 2-4 第三稿教学设计

逻辑主线:

逻辑线索 1:提到文化创新,你能列举出人类历史上具有代表性的人、事、物吗?

逻辑线索 2:基于学生的生成情况形成两条线索。

总结:中华文明应继承过去,走向世界,放眼未来。

在具体教学过程中,教师可以根据学生生成的情况独立使用两条线索,也可以交叉使用,后者需要有理清思路的环节。

第三稿在试讲过程中已经比较流畅,但一些具体的环节由于设问不清需要再次明确指向性,一些需要有较多历史知识作为铺垫的问题达成度仍然不高,需要设置更为合理的脚手架。第三稿的设计更加注重方法的训练,被实践证明是行之有效的。

【第四稿】

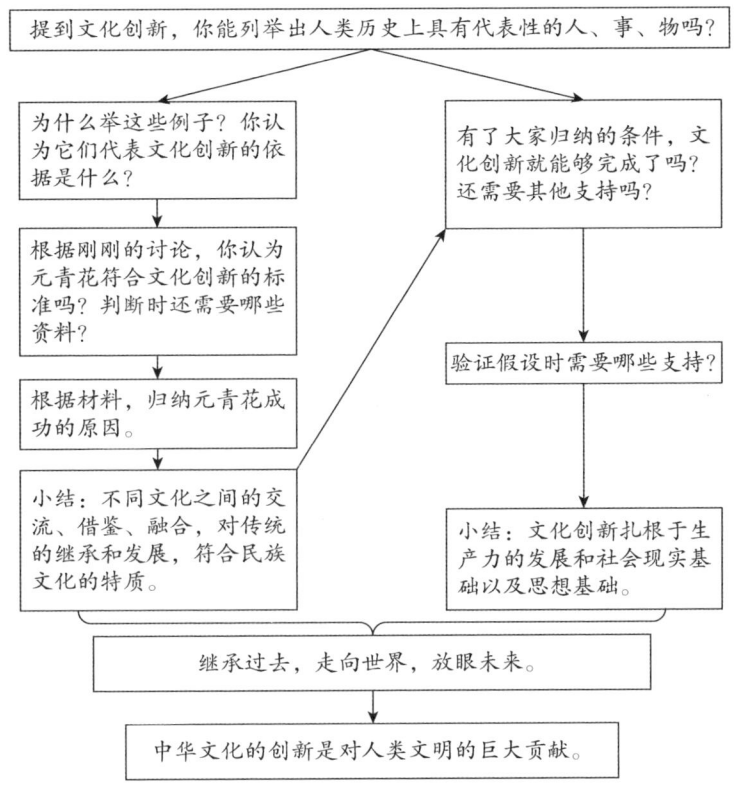

图 2-5　第四稿教学设计

逻辑主线：

逻辑线索 1：提到文化创新，你能列举出人类历史上具有代表性的人、事、物吗？（了解学生的认知起点）

逻辑线索 2：(1)为什么举这些例子？你认为它们代表文化创新的依据是什么？(2)根据刚刚的讨论，你认为元青花符合文化创新的标准吗？判断时还需要哪些材料？(3)根据材料，归纳元青花成功的原因。(4)小结，略。

逻辑线索 3：(1)有了大家归纳的条件，文化创新就能够完成了吗？还需要其他支持吗？(2)验证假设时需要哪些支持？(3)小结，略。

总结：中华文明应继承过去，走向世界，放眼未来。

分析四稿的逻辑主线，可以发现各稿设计不尽相同，但这节课中符合课程价值和课程标准的核心概念与内容却是一致的。在教学内容调整时,清晰的逻辑主线使得修改更有目的性,更利于达成预设目标。

对思政课教学内容的评价应该是整体性评价。只要一节课整体的效果是好的,即能够形成基于知识结构、能力结构和资源整合的授课体系,这堂课就基本符合了教学内容和教学目标的要求。整体性强调一节课基于学生的认知起点设计并推进至最后完成,强调学生在课堂中获得了知识。

教学在一定意义上可以理解为一种遗憾的艺术。教师在教学推进过程中会碰到各种各样的困难,因为个人素养、学科背景、知识结构不同,其处理方式也会有所不同,但只要教师达到了整节课的目标,他就上了一节好课。

实现上述目标对教师来说任务很重。教师需要改变教学观念、对课程的认识,最重要的是完善自身的知识结构。可以这么说,教师的知识结构几乎决定了教师教学的高度和广度。教师要把知识逻辑理清楚,把握好学生的认知起点,用有梯度的问题帮助学生搭建学习支架,使学生在理性思维中获得正确的情感、态度与价值观。教师对于课程的理解影响学生对于课程的理解,教师对于知识、能力、资源的理解同样影响学生对于课程的看法。

思政课是一门特殊的学科,其学科属性决定了思政课教师必须不断完善自身的知识结构。当然,完善知识结构有一个不断积累的过程,其间也会遇到各种困难,但只要教师养成了习惯,就能提升自身对课程的理解力,使课堂有活力,进而提升学生的认同度和接受度。

第四节 基于学科方法论的体系

今天,时代对人才有了新的要求,思政课怎么学、怎么教、教学方法和学习方法之间关系如何等问题值得认真思考。

传统教学把教和学当作独立运作的两个体系,要改变这种状况必须进行方法论的转换。教师要把教学方法、教学内容与学生特点结合起来,尽量梳理所用方法的理论源头(这可以避免用不相容的两个理论进行方法和结论的推演),从对象的适切性角度对方法进行反思。

一、思政课学科方法论的特征

思政课是一门社会科学,只要是科学都有科学方法,从某种程度上说,科学本身就是产生知识的方法。把思政课定位为社会科学是探讨思政课基于方法论教学的基础。

教学方法论依托于方法,但又不拘泥于方法,是对教学方法的超越。方法之所以需要方法论来超越,是因为方法本身有局限。从教学的整个流程来看,教学思想相当于大脑,教学方法论是神经中枢,教学方法则是神经末梢。教学思想和教学方法论是教学方法赖以产生的动力、根基和源泉。

基于研究,我们认为思政课基于方法论教学有以下特征:基于学生认知起点的方法设计、基于教材内容的方法设计、基于社会科学的方法设计、基于辩证思维的方法设计。

二、思政课学科方法论的实现方法

以"市场经济的作用"为例进行说明。

(一) 课前问卷调查

1. 教材中提到市场经济的五大作用和三大机制,请根据你对教材的理解用合适的方式把五大作用和三大机制组合起来,并加以说明(可以举例)。

2. 教材关于市场经济作用的论述中,哪些是符合你的日常生活经验的,哪些是不符合的?请举例说明。

3. 关于本课,你还有什么问题吗?你的问题将成为教学过程中的重点。

课前问卷调查是把握学生认知起点的一种手段,能使教师用比较短的时间了解学生的知识起点、能力起点、思维方式等,在此基础上进行教学设计。课前问卷调查的三个问题中,问题一指向学生的知识起点,引导学生把知识分解成要素并建立要素之间的联系;问题二指向理论与生活的联系,从生活到理论和从理论到生活是两种能力,此问题能使教师初步把握学生所具备的分析综合能力和辩证思维能力;问题三旨在再次确定本课的设计起点,培养学生的反思质疑能力。

(二) 合理导入

教师把学生对问卷的回答作为起点。从回答情况来看,学生能够找到本课的重要内容,并用文字描述、平行要素连线(二维)、要素分类三种方式呈现要素之间的关系。

生 1 的回答:市场经济中,供求机制、价格机制和竞争机制三者交互作用,合理而有效地配置资源,自动调节供求关系,为各类经济信息的传递提供广阔的平台,对各类市场主体进行客观而公正的评价,择优汰劣。供求关系的平衡是通过价格机制和竞争机制实现的。市场的评价过程即优者胜出和利益增加、劣者利益减少甚至淘汰出局的过程。

生 2 的回答见图 2-6。

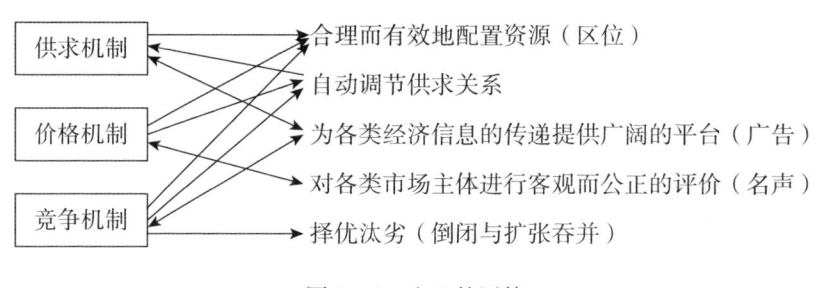

图 2-6 生 2 的回答

生 3 的回答见图 2-7。

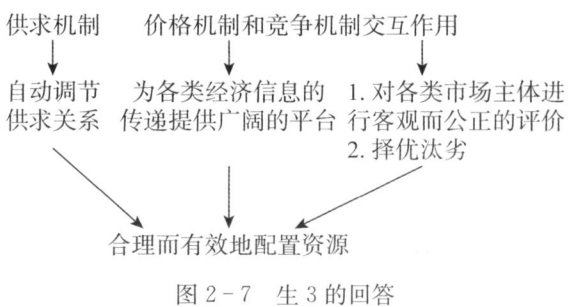

图 2-7 生 3 的回答

从学生的回答中可以判断出,该班级的学生没有进行过类似的训练,也缺乏相应的思考和解决问题的方法,在建立知识要素之间的联系时不能用适切的方式把语言转化成结构。基于这样的现状,教师引导学生通过对教材内容的再认识来调整自己原先的知识结构。调整后的知识结构见图2-8。这里必须说明的是,不同个体搭建结构的方式和对结构的解释可能是不同的,这与个体对知识的理解、对文本的掌握情况有关。学生只要能在自己原有的基础上进行正向调整就是进步。教师在知识结构中不必提供所谓的标准,更不必强求单一的模式,毕竟人的思维模型是不尽相同的。

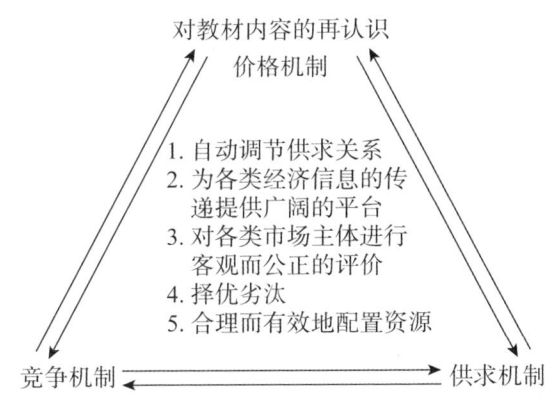

图2-8　市场机制的相互作用及市场的作用

(三) 数学建模

本课的主题"市场经济的作用"是经济学的重要内容,教材内容的理论基础是经典的市场经济理论,本课对资源、市场、市场作用的界定都在经济学的框架内。我们知道,数学建模是研究经济学的一种重要方法,但在现实中受学科思维限制,思政课教师很少采用数学建模方法,这不利于学生更好地掌握知识、提升能力。基于以上思考,本课把数学建模作为一个重要环节。

场景设计:在一个小村落里,有3家冰激凌店提供同样品种的冰激凌(构成竞争关系),村民酷爱冰激凌,且没有任何一个人和任何一家店能够决定冰激凌价格。

1. 请根据表 2-4 中的数据用描点法画出供求关系线性图。

表 2-4　冰激凌的售价、需求量和供给量

售价	需求量假设	供给量假设
6	8	36
5	11	32
4	15	27
3	20	20
2	26	13
1	38	5

2. 基于数学模型提出以下问题：(1)当市场价格高于或低于均衡价格时，供需量会如何变化？(2)如果天气突然变热，供需量和价格会如何变化？(3)如果台风天特别多，影响了甘蔗的产量，供需量和价格会如何变化？请尝试分析问题，可参考示意图 2-9，其中，点 A 为供给、需求平衡点，可根据以上各种情况平移需求、供给线。

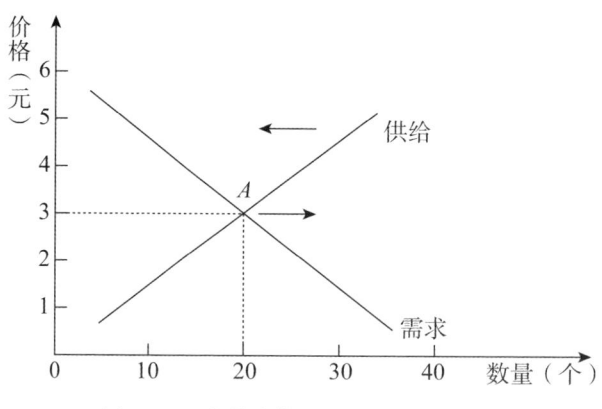

图 2-9　冰激凌供给量和需求量示意图

教师引导学生通过数学建模的方式来直观呈现生活场景，并通过典型化设计的方式来实现思维提升。微观经济学的学习离不开数学模型。通过数学模型解决问题是一种高品质的思维能力，数理逻辑也是现代公民必备的思维能力。把数学模型和思政课的内容结合起来，将丰富学生的学习经历。

（四）证实和证伪

证实和证伪是自然科学领域重要的研究方法。在社会生活中找到多维的、不同质的材料对社会现象、政策、制度进行证实和证伪，同样是社会科学研究的重要方法。

从理论上探讨了市场经济的作用和市场机制后，教师还要引导学生理解"中国为什么选择走市场经济道路""中国特色社会主义市场经济是市场经济与公有制为主体、多种所有制经济共同发展……的社会主义基本经济制度相结合的经济形式"这两个知识点。为此，本课设计了如下问题：(1)请用市场经济的相关知识解释"为什么中国特色社会主义市场经济的发展与所有制改革同步"。(2)你需要用哪些材料来论证中国走市场经济道路的正确性？(3)你需要用哪些材料来论证中华人民共和国成立初期走计划经济道路的合理性？

在回答第一个问题前教师为学生提供了如下材料：

1. 计划经济体制的建立

(1) 1951年至1952年，中共领导根据"三年准备、十年计划经济建设"思想采取适当步骤向社会主义过渡。

(2) 1953年8月，过渡时期总路线被确定为全党都必须遵循的路线：从中华人民共和国成立，到社会主义改造基本完成，这是一个过渡时期。党在这个过渡时期的总路线和总任务，是要在一个相当长的时期内，逐步实现国家的社会主义工业化，并逐步实现国家对农业、手工业和对资本主义工商业的社会主义改造。

(3) 实际上这一任务仅仅用了不到3年的时间便完全实现了。国家所有制和准国有的集体所有制成为国民经济的唯一基础，并在这种所有制基础上全面建立了苏联式的集中计划经济体制。

2. 市场经济体制的建立

(1) 1979年，中共中央和国务院提出恢复和发展个体工商业、允许多种经济形式存在的方针，不仅是为了搞活经济，也是为了扩展劳动就业渠道，解决知青回乡和农村剩余劳动力的就业问题。

（2）1981年，中共十一届六中全会通过《关于建国以来党的若干历史问题的决议》，明确提出：国营经济和集体经济是我国基本的经济形式，一定范围的劳动者个体经济是公有制经济的必要补充。中国共产党第十二次全国代表大会指出，在农村和城市，都要鼓励劳动者个体经济在国家规定的范围内和工商行政管理下适当发展，作为公有制经济的必要的、有益的补充。

（3）中国共产党第十三次全国代表大会强调，在社会主义初级阶段，必须以公有制为主体，大力发展有计划的商品经济。私营经济一定程度的发展有利于促进生产，活跃市场，扩大就业，更好地满足人民多方面的生活需求。

（4）1993年，"国家实行社会主义市场经济"被写进宪法。同年通过的《中共中央关于建立社会主义市场经济体制若干问题的决定》勾画了社会主义市场经济体制的总体规划图。建立社会主义市场经济体制，就是要使市场在国家宏观调控下对资源配置起基础性作用。为实现这个目标，必须坚持以公有制为主体、多种经济成分共同发展的方针。

（5）中国共产党第十六次全国代表大会提出，毫不动摇地巩固和发展公有制经济；毫不动摇地鼓励、支持和引导非公有制经济发展。

（6）中国共产党第十八次全国代表大会提出，毫不动摇地巩固和发展公有制经济，推行公有制多种实现形式，推动国有资本更多投向关系国家安全和国民经济命脉的重要行业和关键领域，不断增强国有经济活力、控制力、影响力；毫不动摇地鼓励、支持、引导非公有制经济发展，保证各种所有制经济依法平等使用生产要素、公平参与市场竞争、同等受到法律保护。

（7）中国共产党第十九次全国代表大会提出加快完善社会主义市场经济体制。经济体制改革必须以完善产权制度和要素市场化配置为重点，实现产权有效激励、要素自由流动、价格反应灵活、竞争公平有序、企业优胜劣汰。要完善各类国有资产管理体制，改革国有资本授权经营体制，加快国有经济布局优化、结构调整、战略性重组，促进国有资产保值增值，推动国有资本做强做优做大，有效防止国有资产流失。深化国有企业改革，发展混合所有制经济，培育具有全球竞争力的世界一流企业。全面实施市场准入负面清单制度，清理废除妨碍统一市场和公平竞争的各种规定和做法,支持民营企业发展,激发各类市场主体活力。深化商事制度改革,打破行政性垄断,防止市场垄断,加快要素价格市场化改革,放宽服务业准入限制,完善市场监管体制。创新和完善宏观调控,发挥国家发展规划的战略导向作用,健全财政、货币、产业、区域等经济政策协调机制。

（8）中国共产党第十九届中央委员会第四次全体会议通过的《中共中央关于坚持和完善中国特色社会主义制度 推进国家治理体系和治理能力现代化若干重大问题的决定》提出,坚持和完善社会主义基本经济制度,推动经济高质量发展。公有制为主体、多种所有制经济共同发展,按劳分配为主体、多种分配方式并存,社会主义市场经济体制等社会主义基本经济制度,既体现了社会主义制度优越性,又与我国社会主义初级阶段社会生产力发展水平相适应,是党和人民的伟大创造。必须坚持社会主义基本经济制度,充分发挥市场在资源配置中的决定性作用,更好地发挥政府的作用,全面贯彻新发展理念,坚持以供给侧结构性改革为主线,加快建设现代化经济体系。

教师提供这些材料的意图是帮助学生了解历史背景,同时引导学生有意识地搜集对验证观点有用的材料,让学生学会多维度地选择材料。

回答第二个问题时,很多学生会把改革开放以来的伟大成就作为论据,但这样的论证其实犯了因果倒置的错误。论证中国走市场经济道路的正确性时,除了用结果倒推原因外,还需要回到历史现场考察当时的情况。这对学生来说是一种全新的思维锻炼。第三个问题是在第二个问题基础上的方法迁移和固化。这三个问题都基于学生的认知起点进行设计,在方法上环环相扣。

这是一个有证实也有证伪的过程。教师引导学生剖析结构化的知识,培养学生"综合—分析—再综合—再分析"和"演绎—归纳—再演绎—再归纳"的逻辑思维能力。

三、对思政课学科方法论教学的反思

基于方法论的思政课教学是一种实验性的实践。我们希望通过这种实践提高思政课的教学效益和科学性,凸显思政课的课程价值。当然,实验总有缺陷,

有待完善之处。在实践中,教师还要反思一些问题。

1. 思政课学习方法的内涵和外延是什么?我们能否准确具体地概括思政课的核心方法论和重要方法?我们能否形成基于方法论的思政课教学范式,有效应用于经济、政治、哲学三个领域?学生习得或掌握相关方法的评价标准是什么?

2. 有人认为方法是隐性的,不用通过显性的教学即可实现。但这就产生了一个问题:如果方法是隐性的,学生掌握方法就必须靠"悟",而学生"悟"的能力是不同的,进而导致原先完整的有逻辑关系的方法被一定程度上割裂、误解、扭曲了。之后的纠正工作怎么做?由谁来做?如果依然靠学生自己完成,会产生理想的效果吗?

3. 学科方法论应该是可复制、可操作的。经过学科方法论的学习,学生可以把相关学习方法、分析方法以及学科方法论思想运用于对社会现象的观察、分析和评价。学习者可以把相关方法和思想内化成自我经验的一部分。

第三章　理路：为学生的知识建构搭牢支架

本章将从学科关键能力提升角度讨论以下问题：

1. 思政课教学为什么要指向学习？

2. 如何通过教学提升学生的学科关键能力？

3. 为什么思维过程显性化是培育学科核心素养的重要途径？

4. 如何基于大中小学思政课一体化建设的理念设计思政课教学？

第一节　分层、分组教学带来的启发

新时代思政课的教学是素养导向的教学,而素养导向的教学必定是基于个性化学习和学生个性化发展的教学。本节将分享一个基于个性化学习的分层、分组教学案例。

在英国,Every Child Matters 是基础教育的一个核心理念。在学校教育中,每个学生都是平等的,教师尊重每个学生的意见和建议,让每个学生自信、个性化发展。英国 1988 年出台的《教育改革法案》中指出,教育的目的是为每一位社会成员创造机会,发挥其潜能;注重学生个体需要,满足学生特殊教育需要。

一、英国课堂分层、分组教学的理论背景

英国课堂注重保护学生的天性,尊重他们的发展规律。课堂教学不仅关注学生的学业,为每个学生提供学习与进步的机会,还关注人性的发展,力求促进学生在精神、道德和文化方面的发展,使学生为未来生活做好准备,同时,也力求发展学生的个性。

英国关注教育的公平性,强调所有学生同等重要,关注每个学生的全面发展。在这样的教学理念下,英国课堂注重分层满足学生需求,注重学生个体的成长。

二、英国课堂教学情况——以 Bury Grammar School 为例

基于分层、分组教学理论,大部分的英国中小学课堂中都会看到以下情形:每班 15 至 20 个学生,上课时教师依据学习情况把学生 5 至 6 人分为一组,全班分成 3 至 4 组。有些课堂内除了科任教师还有 1 至 2 位教学助手。教学助手帮助教师进行小组辅导、教具分发,提供教学时需要用到的各种材料,必要时对有特殊需要的学生进行个别辅导。完成分组后就进入分层教学。基于一个教学主

题,每组有完全不同的学习任务和学习内容,决定学习任务和学习内容的是教师,而教师决定的依据是学生的学习水平。在课堂中,学习水平相近的学生被分在同一组,进行热烈的讨论。不同的小组公开回答不同的问题,教师给予发展性评价。教师会千方百计找到可以表扬的地方并用合适的方式表达出来。

比如在 Bury Grammar School,低年龄的孩子(5 至 6 岁)被分成若干组,在一个教室内完成完全不同的任务,学习能力较强的一组已经开始写较长的句子,完成后互相交流,教师给予个性化评价;学习能力稍弱的一组对着单词卡片与教师交流,不时写下几个字母;学习能力较弱的 2 个孩子由教学助手负责辅导。又如,Y5 的数学课堂中,学习分数概念时,学生被分为三组:学习能力较弱的一组在用教师给的道具拼搭 5/12 这个数字;学习能力稍强的一组运用方格本画出表示 5/12 的各种图形;学习能力较强的一组已经开始用方格本进行分数计算。再如,在 Y7 的英语文学课堂中,不同学习能力的小组阅读完全不同的文本材料。针对同一主题,教师提供绘本等材料,学生一边阅读一边完成不同的学习任务。有些小组只需要回答几个问题,有些小组已经开始完成难度较大的写作任务。以上三节课中,教师在 1 个小时的上课时间内于各小组间巡回,根据学生学习任务完成情况调整任务难度或者增加新的任务,促进学生发展。

三、对英国课堂分层、分组教学的思考

(一) 分层、分组教学需要的支持条件

开展过分层、分组教学的教师认为,最难的地方就是使小组里的所有学生都处于学习状态。分析英国课堂分层、分组教学成功的原因,大致包括内部和外部两方面。

内部:(1)小组学习是学生的学习常态,他们很容易在小组中找到自己的位置,与他人协作解决问题;(2)小组学习对学生的学习习惯和学习主动性有较高的要求,学生在学习中高度专注,有较大的自主性,教师主要发挥点拨作用。

外部:(1)教师基于学情布置任务,并在讨论过程中给予学生支架支持;(2)教师对于课程内容和教学内容的自主权比较大,不必赶进度或受各种限制;

(3)教师采用完善的评价体系,随时对学生的学习情况进行反馈,并提供个性化练习材料;(4)班级学生总人数少。

总体来说,这样的学习方式对教师和学生提出了更高的要求,对教学任务和教学评价标准提出了更多元、更及时的要求。

(二) 分层、分组教学中教和学的关系

英国的课堂教学是面向个体的个别化教学。分组教学是个别化教学的基本形式,虽然教学是在学生群体中进行的,但没有统一、同步的要求,学生按照自己的速度和方式进行学习,也能在一定范围内选择学习任务。

在这样小班化的教学中,教师更像是学生的同伴,学生与教师处于平等的地位。学生上课时没有固定的座位,也不需要举手发言,可以在教室内走动。但学校非常强调学生的学习习惯,对每一门课的笔记和作业都提出了详细的要求,对教师批改作业的格式也有详细的规定。比如,Bury Grammar School 通过 Marking & Feedback Policy(学校标记和反馈政策)对教师英语、数学和科学三门核心课程的作业反馈提出了具体要求。

英语学科的要求:英文作业本应包含带有适当分层评分标准的各种作品。符合学生能力的评价标准应放在每本英文书籍的前面。当学生清晰理解标准时,应予以证明(列举),并将其适当地运用于对学生的目标设定。当学生达到既定标准时,应使用更高级别的标准。

数学学科的要求:如果师生互动良好,则可以立即或通过当天干预来消除误解。采用有效的评分策略和适当的总结性评价来促进学生持续进步。后续步骤或下一个目标需要在恰当的时机使用,而不应自动使用于每次被评价的作业。应该使用恰当的资源和方式(支持评价的问题、任务和活动)进行教学,以评估学生对概念的理解程度,并证明学生的理解深度和流利程度,这将确保学习有可能随着时间的流逝而持续下去,并在将来得到建构和巩固。

科学学科的要求:科学作业本应包括每个主题的各种作品。所有科学课都应显示科学知识与科学技能的整体联系,并在科学作业中得到明显体现。每个主题都应显示科学知识的累进,而科学技能的发展则应贯穿一个主题或多个主题,甚至贯穿不同年级。每周至少应完成一项任务(作品)。

通过比较我们不难发现,学校根据学科特点对作业批改、反馈提出了不同的要求,这是差异。以上规定的共性在于:这些反馈是个性化的,旨在提升学生的学习水平。

英国课堂中更多关注学生的学习能力和学习过程,而不仅仅是知识本身。同一个班级中学习水平较高的学生往往会学习如何在更复杂、更典型、更真实的场景中运用学科知识和方法解决问题。分层的高端是往深处走,理解同一主题下更难的内容。这种差异在课前、课中、课后都是存在的,每个学生都有不同的作业。课堂中,不同的学生可能会参与完全不同的学习活动,课后则完成完全不同的作业。

真正有效的教和学是开放的。个性化学习中,每个学生都构建起属于自己的学习结构,这些结构可能是类似的,但一定是不同的。在这个过程中教师起到了催化剂的作用。有一位教师形象地说:"为了让学生学得更好,教师需要不断地推或拉他们。""推"指的是给他们高期待值,布置高于他们现有水平的任务;"拉"指的是在他们自满时把他们拉回来巩固基础,这种螺旋上升的学习能够取得更好的效果。按照教师操作手册,在文本阅读后,师生最关注的并不是答案,而是如何建构文本与问题的关系,并把个性化的观点融入回答。

切实有效的教学评价是分层、分组教学的有效保证。在英国,教师的教学行为以国家课程纲要的要求为基础,并依据学生的情况进行调整。教师会认真观察学生的小组学习情况,在表述清晰、分类明确的各类评价表中找到与学生学习状况匹配的类目,基于标准进行评价。不同学科使用的评价标准既有共性又有差异。基于标准、实证做出的评价,将成为指导学生后一阶段学习的重要依据,也是学生学业报告的重要组成部分。

英国学校非常重视学生普通初级中学毕业考试的成绩,重视学生被名校的录取情况,并将其作为学校办学的重要成果镌刻在校史中。同时,学校非常重视学生的学习过程,如前文所述,同样是对考试真题的解读和学习,师生更关注得到结论的过程和自我观点的彰显,不仅仅关注答案。教师对学生的评价首先是对其学习过程和学习行为的评价,其次才是对其学习结果的评价,对学习结果的评价在整个评价中所占的比重并不高。我们在这里看到了应试教育和素质教育的统一。本来这两者就是统一的,是维度不同的两个层面,应试能力是人整体素质的一个重要组成部分,学校和教师可以通过培育学生更全面、高阶的能力来客观上提升学生的应试能力。如果追求答案是应试的重要特征,那么追求个性化的思维路径就是更高的能力要求,后者是可以涵盖前者的。

(三) 教师的职业精神和工作热情

要想实现教学目标,教师的主导作用是至关重要的。虽然我们常说,学生的学业成就不仅仅依赖于教师的教育,而是家庭、学校、同伴、社区、社会等方面因素共同作用的结果。但我们清晰地看到,Bury Grammar School 这类学校的目标是不断让学生获得更高层次的自我实现。教师在课堂教学中不只是激活学生已有的认知,通过清晰、明确的教学任务实现学生同伴互助。教师对学生学习成就的评价既基于学生在群体中的位次,又基于学生自我进步的程度,我们可以称之为"发展性评价"。

一个教学主题下,教师需要做更多的准备工作,需要对学生进行更准确的诊断,对学生在学习中遇到的困难和取得的成绩进行更及时的反馈,并采取下一步行动。这势必耗费教师更多的精力和时间。如何激励教师不断向前是所有学校管理者需要面对的难题。虽然英国不少学者指出 Bury Grammar School 很特殊,该校的教师有很高的收入,该校的学生也经过了选拔,但我们知道靠单一刺激是很难持久的。在与该校教师沟通的过程中,我们能够感受到他们发自内心的快乐、对工作的热情、对学校的高度认同、对学生的爱。这些都是一所成功学校的必要条件和共性特征,但除此之外,一定有我们没发现的东西。比如,师生交互过程中,教师的工作不断被肯定以及新挑战带来的新鲜感;学校追求卓越的文化带来的强大的推动力;学校管理者给予教师充分的空间与信任,以及对他们工作成绩的肯定;家校之间的良性互动给学校、教师带来的力量支持;作为小镇的骄傲,该校每年校庆时当地都会共同为学校庆祝所带来的价值认同;这所有的有利条件整合形成的强大向上的动力。

对我们的启发是,该校坚持走一条适合自己的但是更难的道路,付出了更多的努力,奉献了更大的热情,当然也取得了更大的成功。持续的努力和时间结合便会产生好的效果。

四、反思与比较

（一）反思

1. 要实现高效的个性化学习,学生要有良好的学习能力和端正的学习态度,如果学生在以上方面有所缺失,小组学习的效果会大打折扣。

2. 分层、分组教学对教师的要求极高,因为这样的课堂教学更不可控,所有的生成对于教师来说很难预设。教师要准确评估学生的学习状况,布置适切的学习任务,有不断精进的意识等。

3. 教学的重点应该是学习方法和方法论思想,培养学生的人际交往能力、协作能力、表达能力等。

我们也参观了博尔顿大学附属的一所职业高中。一进校门,我们就看到了各种激励性质的口号,从地毯到宣传栏到处都是。和校长讨论下来,他表示这非常有必要,学生每天看到这些口号,会更加上进,成就不一样的人生。校长说完这些,我们所有人陷入了沉思。每个人都是需要激励的,但激励的方式是否可以多样化呢?

当然,改变也在英国内部发生,我们也看到了一些很接近中国学校管理和教学的英国学校。这些学校非常注重纪律,仿照中国的教室安排座位,教学以教师讲授为主。这样的学校多出现在经济不太发达、人均收入偏低的社区中。其中的原因值得我们分析和反思。

综上所述,英国的课堂教学模式可以概括为以学生为中心,以活动为手段,以打开学生思维为目的。这些理念其他国家也在讲,并且都在用,但同一理念在不同的国家落地后就会产生不同的教学形态,我们观察和思考的目的就在于借鉴。我们不仅要模仿形式,更重要的是抓住教育的本质和内核。

（二）比较

进行比较的目的是优化我们自己的课堂教学。改革开放以来，中国教育取得了长足的进步。人民对教育的期望越来越高，国家发展对人才的要求越来越高，我们的课堂教学必须承担起改变的责任。

英国非常关注每个学生的个性化发展，很多学校在课堂教学中把促进学生终身发展作为目标，很好地实施了分层、分组教学。这些值得我们借鉴。

思政课教学要促进学科核心素养落实，首先要创新教学方式。为达到期望效果，教师要对教学内容、教学方法、教学过程等方面进行深入分析和合理设计。核心素养涉及学生的独立自主能力、问题意识、批判思维、合作精神，这需要教师在教学方式上选择能激发学生积极参与、热烈交流讨论的形式，如情境教学法、小组讨论法、探究学习法等。[①] 基于核心素养的课堂教学改革，必须立足学生的"学力"，更加注重活动性与协同性。

核心素养或关键能力的提出意味着学生不能仅仅满足于学科内容的习得，而应形成某种素质与"学力"。这就产生了既从结果又从过程来把握学习价值的观点。对于一线教师而言，既然知识是一种建构的过程，那么，教师的教学工作就必须发挥支撑的功能——在学习者建构知识之际为其提供支架，也就意味着教师要重视这样一个观点——不仅要从内容方面把握学科的本质，而且要真正逼近儿童的活动与思维过程。[②] 基于核心素养的教学要把握知识本质，创设教学情境。[③]

教师要在大观念的视角下，进行指向学科核心素养的教学方案设计。大观念的理解与运用要体现出核心素养的本质要求，促进学习迁移的大观念有助于落实核心素养，隐含主要问题的大观念架构起指向核心素养的教学。在实践运作时，这种教学方案需要考虑五项前后关联的关键行动，即选择核心素养等既有目标、从既有目标中确定大观念、依托大观念形成一致性的目标体系、基于大观

[①] 刘国飞,张莹,冯虹.核心素养研究述评[J].教育导刊(上半月),2016(3).
[②] 钟启泉.基于核心素养的课程发展:挑战与课题[J].全球教育展望,2016,45(1).
[③] 史宁中.推进基于学科核心素养的教学改革[J].中小学管理,2016(2).

念的学习要求设计评价方案、围绕主要问题创设与组织学习活动。①

第二节　指向学科核心素养培育、关键能力提升的教学特征

一、学科核心素养的内涵

核心素养是面向 21 世纪的素养,当前没有过时,再过几十年也不会过时。换种表达方式亦无不可,但改弦更张实无必要。目前的要务与急务是如何把核心素养落实到具体的教育教学活动中。②

核心素养的选取涉及知识技能、态度和价值观等跨学科的方面,同时也兼顾教育阶段的课程,包括学科指向的核心素养。③ 因此,核心素养的培育不是一蹴而就的,需要通过具体的课程和学科来落实,也就是说,我们要把核心素养转化为学科核心素养。就具体学科而言,我们很难把核心素养的各项要求全部融入其中,而是需要把核心素养的要义与具体学科结构、特点进行匹配和整合。④

核心素养基于学生终身发展和适应未来社会的基本素养,而非学科知识体系。教师要借助多个学科、多种知识和多种能力培养学生的问题解决能力、创新精神、社会责任感。指向核心素养培育的课程和教学改革,从人的跨学科能力出发,有利于打破学科界限,促进学科融合,共同培养全面发展的人。⑤

从实践层面看,我国关于核心素养的研究不断深化。目前,我国普通高中课程标准中已增加了学科核心素养的内容。

---

① 邵朝友,崔允漷.指向核心素养的教学方案设计:大观念的视角[J].全球教育展望,2017,46(6).
② 褚宏启.核心素养是否过时:关键能力能否取代核心素养[J].中小学管理,2017(10).
③ 辛涛,姜宇,刘霞.我国义务教育阶段学生核心素养模型的构建[J].北京师范大学学报(社会科学版),2013(1).
④ 刘国飞,张莹,冯虹.核心素养研究述评[J].教育导刊(上半月),2016(3).
⑤ 姜宇,辛涛,刘霞,等.基于核心素养的教育改革实践途径与策略[J].中国教育学刊,2016(6).

(一) 学科核心素养

学科核心素养是学科育人价值的集中体现,是学生通过学科学习逐步形成的正确价值观念、必备品格和关键能力。① 学科核心素养是在核心素养的基础上发展而来的,是基于学科本质提炼出来的核心素养。有研究者认为,我国学生的核心素养包括自主发展、社会参与、文化修养三大类。每类核心素养下又包括若干指标,如文化修养素养包括语言素养、数学素养、科技与信息素养、审美与人文素养4项指标。② 要研制基于核心素养的课程标准,意味着要把核心素养融入各学科的课程标准。从学生核心素养到课程标准的转化需要一个中间环节,即学科核心素养,否则,课程标准"对不上"上位的学生核心素养,学生核心素养就会变成"空中楼阁"。③

当前,经过数百名专家学者的研究和探索,我国正式确立了学科核心素养体系,各学科核心素养就凝练在各学科的课程标准中。作为连接课程标准与学生核心素养的纽带,学科核心素养发挥重要作用。

普通高中课程方案和语文等学科课程标准(2017年版2020年修订)中融入了核心素养的内容,明确指出,普通高中的培养目标是进一步提升学生的综合素质,着力发展学生的核心素养,使学生具有理想信念和社会责任感,具有科学文化素养和终身学习能力,具有自主发展能力和沟通合作能力。为了建立核心素养与课程教学的内在联系,学科课程标准充分挖掘各学科课程教学对全面贯彻党的教育方针、落实立德树人根本任务、发展素质教育的独特育人价值。基于学科本质,各学科凝练了各自的核心素养,明确了学生学习该课程后应达成的正确价值观念、必备品格和关键能力,对"知识与技能""过程与方法""情感、态度与价值观"三维目标进行了整合。课程标准还围绕核心素养的落实,精选、重组课程内容,明确内容要求,指导教学设计,提出了相应的考试评价和教材编写建议。

---

① 中华人民共和国教育部.普通高中思想政治课程标准(2017年版2020年修订)[M].北京:人民教育出版社,2020.
② 核心素养研究课题组.中国学生发展核心素养[J].中国教育学刊,2016(10).
③ 邵朝友,周文叶,崔允漷.基于核心素养的课程标准研制:国际经验与启示[J].全球教育展望,2015,44(8).

总体来说,学科核心素养是核心素养在课程教学领域的具体实施,发挥承上启下的作用,而学科课程标准则是学科核心素养的内容载体,能为广大教师、研究人员提供依据和参照。

(二) 思想政治学科核心素养

落实到具体学科中,核心素养必须与该学科的特点、性质相匹配。高中思政课程以立德树人为根本任务,以培育社会主义核心价值观为根本目的,是帮助学生确立正确的政治方向、提高学生思想政治学科核心素养、增强学生社会理解和参与能力的综合性、活动型学科课程。

课程标准指出,思想政治学科的核心素养主要包括政治认同、科学精神、法治意识、公共参与。我国的学科核心素养构建主要是从学科视角界定的,非常强调学科领域素养的重要性,没有明确涉及通用的、基础性的素养。学科核心素养的落实主要通过学科课程的实施来实现。

国际上还有一些典型的学科核心素养模式,如澳大利亚模式和芬兰模式。澳大利亚概括出了公民必须具备的七项通用能力,即读写能力、计算能力、信息和通用技术应用能力、批判性和创造性思维能力、道德行为能力、个人和社会能力、跨文化理解能力。澳大利亚整个基础教育阶段的课程都需要融入这七项通用能力。当然,因为学科性质不同,有的学科能整合七项通用能力,有的学科只能进行部分整合。[①] 澳大利亚先设置通用的核心素养,再进一步将其融入各学科,使之成为各学科的核心素养,以培育学生的跨学科核心素养。芬兰则设置了跨领域的核心素养并将其分解至各学科、各学段。[②]

二、关键能力的起源与发展

2017 年,中共中央办公厅、国务院办公厅印发《关于深化教育体制机制改革的意见》,提出"要注重培养支撑终身发展、适应时代要求的关键能力"。因此,有研究者认为核心素养已过时,应该提关键能力。但在 2017 年发布的各科课程标

---

① 王烨晖,辛涛.国际学生核心素养构建模式的启示[J].中小学管理,2015(9).
② 同上.

准中,"核心素养"一词又多次出现。

究竟是核心素养还是关键能力,教育界争议不断。在中国知网上输入关键词"核心素养",找到的文献数量庞大;输入关键词"关键能力",虽然找到的文献数量也很多,但大多属于职业教育领域。需要说明的是,许多关键词含有"核心素养"的文章中也提到了"关键能力"。许多研究者并未严格区分两个概念,认为两者没有本质区别;有些研究人员则偏好使用其中一种。从已有文献来看,使用"核心素养"这一概念的学者居多。

事实上,核心素养与关键能力关系密切。关键能力由德国学者梅腾斯提出,又称"核心能力",是指某种可迁移的、对劳动者未来发展能够起到关键性作用的能力。这种阐述对世界各国的职业技术教育产生了重大影响。[1]

在基础教育领域,关键能力指的并不仅仅是知识技能。钟启泉教授认为,它还包括运用知识、技能、态度等心理和社会资源,应对特定情境中复杂课题(要求)的能力。关键能力涵盖三方面内容:(1)运用社会的、文化的、技术的工具进行沟通互动的能力(个体与社会的关系);(2)在多样化的社会情境中形成人际关系的能力(个体与他人的关系);(3)自主行动的能力(个体的自律性与主体性)。居于关键能力框架核心的是个体的反思性思维与行动能力。这种"反思性思维"指个体不仅能够应对当下的状况,反复地应用特定的思维方式与方法,而且具备应变的能力、从经验中学习的能力、基于批判性立场思考与行动的能力。[2]

实质上,核心素养与关键能力的内涵是一致的。不管大家提与不提、怎么提,一个现实的问题都不容回避:面对知识经济、信息化、全球化的21世纪,为应对复杂、多变、不确定的外部世界,青少年应该具备哪几个"关键的看家本领"?[3]

国内很多学者直接把 Key Competencies 译为核心素养。Key 在英文中有关键的、必不可少的等含义。Competencies 可以直译为能力,有很多学者基于

---

[1] 刘国飞,张莹,冯虹.核心素养研究述评[J].教育导刊(上半月),2016(3).
[2] 钟启泉.基于核心素养的课程发展:挑战与课题[J].全球教育展望,2016,45(1).
[3] 褚宏启.核心素养是否过时:关键能力能否取代核心素养[J].中小学管理,2017(10).

它所包含的内容,将其译为素养。也有一些学者认为应把 Key Competencies 译为关键能力。我们在英文中很难找到统一的表述来对应核心素养这个概念。国际上使用的术语也并不统一,包括 21st Century Skills、Key Competency 等。经济合作与发展组织关于素养的权威报告中使用了 Key Competency 一词,多个国家和地区均采用了这一表述,因此,笔者以 Key Competencies 为研究对象,并采纳关键能力的译法,对核心素养、学科核心素养等概念进行述评与分析。

教育的两个重要目的是促进学习的保持和迁移(迁移的出现是有意义学习的标志)。对于思政课来说,学习的目的是提升学生的学科核心素养,故而,思政课是通过提升学科关键能力来促进学生学习的,最终实现培育学生学科核心素养的目标。

三、关键能力的提升是学科核心素养培育的抓手

学科核心素养是学科育人价值的集中体现,是学生通过学科学习逐步形成的正确价值观念、必备品格和关键能力。这句话指出了学科核心素养的构成要素及其关联:正确价值观念是核心,是其他要素的根本;必备品格是正确价值观念的内在丰富;关键能力是正确价值观念和必备品格的外显行为表现,三者是由内到外的关系。正确价值观念是课程的根本价值,是学生要学习的根本内容;必备品格是在正确价值观念基础上结合学生个人特质、性格所形成的品格,这些品格在不同学生身上会形成不同的关键能力。因此,关键能力是必备品格在学生身上的个性化表现。

对于关键能力与学科核心素养的关系,有学者提出,从课程标准对学科核心素养的界定来看,可以把关键能力理解为学科核心框架球形结构的最外层,把学科核心素养理解为"外显为关键能力的结构框架"。按照这种解读,所有的学科核心素养都必然外显为学生的某种能力表现,而这种能力表现恰恰反映了学生的价值观念和品格。可以说,关键能力的提升是学科核心素养培育的抓手。

四、构建学科逻辑与提升关键能力的关系

课程标准中指出,思政课是力求构建学科逻辑与实践逻辑、理论知识与生活关切相结合的活动型学科课程。学科逻辑的学习本质上是学科知识结构的学习,要求学生在学习知识的过程中建构知识框架,这样的学习是有意义的学习。有意义的学习是教育的重要目标,要求教学不仅仅是简单呈现事实性的知识,评测也不仅仅是要求学生简单回忆或识别事实性知识,而应该超越之,更多地体现保持和迁移。

思政课的知识具有整体性和系统性的特征。思政课程整合了多个领域的知识,不仅包括经济常识、政治常识、哲学常识,还包括社会学科的诸多内容。知识系统化是指个体把已有认知与社会实践相结合,在脑中形成逻辑结构的过程。系统化可以说是人类认知过程的结果,因此,思政课的教学内容应该是结构化的逻辑内容。

知识的学习必须经过认知过程,不同的认知过程体现出不同的能力,不同的能力又对知识的学习起到促进或延迟作用。知识和能力从来就是不可分割的,知识的学习和能力的提升是一个相互作用的过程。所以,构建学科逻辑是提升关键能力的一个着力点,关键能力的提升过程伴随着学科逻辑化的过程。

学科逻辑化和关键能力的提升需要载体,这个载体就是不同复杂程度的情境。关键能力是在不同情境中学科核心素养的外显行为,所以,教师需要通过创设不同复杂程度的情境,提升学生的关键能力。

所谓能力提升,指的是在知识学习的过程中,作为支撑的认知维度通过设计达到多维化的目标。不同的认知维度设计体现的能力要求有所不同。知识的学习有很多手段,在一节课或一个教学阶段中,认知维度不应该是单一的。教师应该根据不同的知识逻辑采用不同的认知维度组合以提升学生的能力,促进学生有效学习。

知识是载体,能力是手段,两者必须同时出现在教师创设的情境中。教师在创设情境时既要体现出自身已有的课程观,又要体现出自己对于知识和能力的理解。

五、提升关键能力的教学实践

支架式教学是建构主义的教学方法之一。教师应借助支架的作用,把复杂的学习任务加以分解,不断创造新的最近发展区,提升学生的能力。

（一）把握学生的认知起点

支架设计的起点是学生的认知起点。把握学生的认知起点有助于建立基于能力建构的体系。如在"经济全球化趋势"一课中,教师基于学生的认知起点,设计了以下前测问题:(1)你对经济全球化最直观的认识是什么?(2)除了教材内容,你还了解哪些相关知识?(3)你认为可以用哪些指标来衡量经济全球化的进程?请简单说明理由。(4)请阅读教材内容,结合以上三个问题以及自己的经验感知,对经济全球化进行界定(可以用多种形式)。(5)你认为当前经济全球化最需要解决的问题是什么?为什么?

问题一旨在激活学生的经验。问题二要求学生在阅读教材内容的基础上结合经验进行理性反馈。问题三旨在让学生进行价值判断。这些价值判断对教学来说既是资源又是重要指向。问题四建立在前三个问题的基础上,引导学生从感性认识到理性认识,把碎片化、经验化的认知抽象化。问题五关注当下,既能让学生为课堂学习做好准备,又能引导学生把理论与实际相结合。整体而言,五个问题逐步深入,教师通过设置支架台阶,使学生基于已有经验和教材内容认真思考。

（二）基于能力提升的情境设计

支架的搭建需要情境的支持。学生在前测问题回答中所表现出的学习能力、知识储备决定了教师在进行教学设计时,不能把情境设计得过于简单,而应该让学生在具有挑战性的情境中完成学科任务。如在"经济全球化趋势"一课中,教师应站在学科教学的视角,运用学科方法论观察和分析问题。基于这样的思考,教学的重点应该放在如何分析这一事件以及有理有据地得出结论,让学生学会用唯物史观观察和分析问题。因此,教师提供了一些材料并提出了两个问题。

【阅读材料】

背景:到了19世纪后期,整个欧洲再加上美国,已经形成一个巨大的经济共同体。各国在经济层面上有着极其深刻的相互依赖。尤其是,欧洲各国已经围绕德国形成了一个庞大的分工体系与市场体系。

……

要提高国际联盟的作用,在它的框架下成立一系列超越单个国家的机制,形成超越单个国家的解决方案。管理德国赔款问题的赔款委员会,应该放到国际联盟下面来。还应该成立一个协调欧洲内部煤炭和钢铁生产的委员会,也置于国际联盟框架下,欧洲国家以此来协调自己的工业运行。

在国际联盟框架下成立一个自由贸易联盟,联盟的国家不能对其他联盟成员发动贸易战。战胜国之间应该完全取消债务。

应该成立一个提供国际贷款的机制,欧洲所有交战国,无论是否曾经敌对,都应同样有机会从这里获得贷款,以便获得购买外国产品的能力。

相应地,还要有一个国际保证基金,以此来为陷入货币危机的国家提供支持,稳定其汇率,从而使整体的国际经济秩序能够稳定。

——选自施展《国际政治学40讲》

【问题】

1. 请用所学经济学知识分析凯恩斯论断"等到德国赔款付清之日,就是战胜国灭顶之时"的逻辑必然性。

2. 凯恩斯开出的"药方"直接影响了"二战"后的世界经济秩序,凯恩斯方案得以实现的原因是什么?

阅读材料为学生创设了具有挑战性的情境,学生在此情境中要调动多种认知能力来分析材料,还要借助相关的历史知识、经济学理论、逻辑学知识思考和分析问题。

教师提出的两个问题指向有所不同。问题一旨在引导学生把所学的经济全球化特征和内涵的知识迁移到材料中,并用所学的经济学知识尝试推演经济学家的思维路径。在这个过程中,学生会用到大量的学科方法论思想。问题二旨在帮助学生理解理论逻辑、历史逻辑与现实逻辑的关系。学生置身该情境中解决问题的过程就是用科学思维独立思考,以建设性批判的态度回应现实世界复杂变化的过程。经历这样的学习过程,学生的关键能力必然会得到提升。

(三) 基于能力提升的问题设计

学生的能力提升需要借助问题链、阅读材料等载体。在这些载体中,基于逻辑的问题链尤为重要。提问是师生互动并生成的重要途径。教师提问时需要注意几个要点:(1)提问要使学生用已学过的有关知识去解决新的问题,而不是去复述已经学过的知识;(2)提问要使学生注意教材内容,而不是注意教师的目的;(3)提问要具有开放性,要使问题能持续发展下去,换言之,提问应当成为继续讨论的动力;(4)提问要引导学生周期性地检查和回顾以前掌握的知识,以便巩固其基本意义;(5)提问时要多问"是什么"。教师在提问过程中忘记这几个要点,就会使提问的有效性大打折扣,有时甚至会出现为了问而问、自问自答式提问、简单判断型提问等情况。教师在提问时可以参考表3-1。

表3-1 不同认知水平的教师提示和学生表现对应表

认知水平	教师提示	学生表现
记忆	1. 谁? 2. 什么时间? 3. 什么地点? 4. 数量是多少? 5. 哪一个?	重现、识别、命名、匹配、分辨、提取、列表、识记。
理解	1. 请用你自己的话进行回答。 2. 读图或读表。 3. 改述。 4. 我们准备回答什么样的问题? 5. 我们准备解决什么样的问题? 6. 请举一个例子。 7. 你可能得出什么样的结论?	阐释、举例、展示、翻译、总结、比较、提示、分类。

(续表)

认知水平	教师提示	学生表现
应用	1. 我们会应用什么样的方法或策略？ 2. 可以采用什么样的替代方案？ 3. 哪里发生了失误？	实行、解决、运用。
分析	1. 对比与比较。 2. 两者的关系是什么？ 3. 你推断出了什么？ 4. 主要的观点是什么？ 5. 主题是什么？ 6. 假设是什么？ 7. 证据是什么？ 8. 类型有哪些？ 9. 作者的意图是什么？	剖析、排序、参与、归类、辩护、区分、组织、归因。
评价	1. 你的标准是什么？ 2. 哪个更重要？ 3. 哪个更具道德性？ 4. 哪个更可靠？ 5. 有什么失误或不一致之处？	批判、判断、评价、分级、评估、证明、辩护。
创造	1. 预测。 2. 你会进行怎样的测试？ 3. 提出替代性方案。 4. 是否有其他可能性？ 5. 想象这是什么。 6. 我们怎样进行证明？ 7. 写一份研究计划。	产生、计划、设计、构建、开发、提议、发明、建构。

对照表格，结合"经济全球化趋势"一课教学案例，前测五个问题和阅读材料后两个问题是有一定梯度的，能够提升学生的关键能力。教师通过设计问题，创设不同复杂程度的情境，帮助学生实现了关键能力的提升。

关键能力提升需要长期努力、反复实践、反复训练，所以，教师应该更加注重积累。教师要在思政课上教给学生科学的思维方法，引导学生进行正确的价值判断，为学生的终身发展提供支持。

第三节　提升学科素养的思维过程显性化教学

一、思维过程显性化是提升关键能力的必要条件

在学科核心素养中,科学精神的培养比较难,但科学精神又是提升其他素养的重要思维准备。学生在学习过程中修正已有的认知,根据自我经验与所学知识进行重构。在这个过程中,科学精神影响学生重构的能力,而科学精神的载体就是思维过程。所以,对思政课而言,要实现高结构设计的目标并进行有效的低结构实施就要实现思维过程显性化。

现代哲学有这样一个争论:我们是先抽象思考再付诸文字,还是直接用文字进行思考?在传统的思政课中,这个争论几乎不存在,因为学生需要做的就是把结论复述出来,很少去思考得出结论的过程。

每个人的思维路径都不一样,教学要把思维路径展现出来,起点是学生的认识起点,终点或者说课堂教学的终点是高结构设计的目标。因此,教学应该实现思维过程显性化,在显性化的过程中培养学生的科学精神。学生想要了解一个问题,可以看书或者网络搜索。真正难以做到的,是学会用批判的眼光来阅读、分析数据并陈述自己的想法。最重要的,学生要学会享受知性冒险,把思考作为家常便饭[1]。

思维过程显性化的过程也是学习"如何说话"的过程。"清晰表达"应该成为高中生知性体验的核心部分。清晰表达的深层目的是说出自己心中所想。这并不意味着不分时间、场合,想说什么就说什么,而是学会了解自己的想法,过滤掉不成熟的念头,然后以某种逻辑顺序向外界展示自己的思维成果。思维过程显性化教学特别强调处理好生成和预设的关系,特别强调建立良性的、和谐的师生关系。

---

[1] [美]法里德·扎卡里亚.为人文教育辩护[M].梁栋,译.北京:新星出版社,2015.

二、如何在思维过程显性化中提升关键能力

哲学课的教学特别需要宏观视角,哲学课必须有高结构的设计,这样才能深入浅出,实现培养学生科学精神的目标。下面以"创新是民族进步的灵魂"一课为例来说明。

(一) 明确目标

本课是唯物辩证法最后一部分内容,对唯物辩证法的学习有提升和总结的作用。本课的教学目标是引导学生用科学的思维方法看待创新,使其在面对创新时有正确的价值判断和行为选择,最终把创新意识应用于个人生活,从改变自己做起,参与营造万众创新的社会氛围。

(二) 理顺逻辑

逻辑清晰的课堂教学是由问题链构成的,构成问题链的问题之间有逻辑递进关系。这些问题都以学生的已有认知和事实材料作为支撑,指向教学目标的实现。

本课的问题链:(1)导入,了解学生的认知起点:请概述"创新"的概念。(2)反思:哪一种"突破"不是创新?你做出判断的依据是什么?(3)怎么解释这些创新碰到的问题呢?(基于材料的子问题)这些我们现在公认的创新碰到了哪些问题?提出异议者错了吗?给我们的启示有哪些?(4)依据前面的学习,创新的作用可以归到三个领域,创新所推动的这三个领域之间是什么关系?你能把其内在关系表述出来吗?(5)创新的核心是人,所以创新与我们每个人都有关系,是什么样的关系?

本课的教学逻辑是:理解"创新"的概念—对概念的核心要素进行反思—进一步明确创新的要素—很多伟大的创新都遇到过困难,从中我们得到的启示——生产力发展、社会制度变革和思维进步三者并不是并列关系,核心是思维进步(对教材知识的深化)—创新与个人的关系。教学逻辑紧紧围绕教学目标展开,从抽象到具体再到抽象,符合学习螺旋上升的规律,能够提升学生的思维品质。

(三)注重生成

思维过程显性化教学对生成的要求特别高。生成是课堂的活力和生命所在,教师应该珍惜学生的课堂生成,一节好课应该追求学生多元化的生成。基于生成推进教学需要注意两点:(1)基于学生的认知起点设计问题;(2)教师有完整的知识结构。

很多教师担心学生的生成偏离教学目标,会使得整节课"失焦",其实这是因噎废食的想法。怎样才能促进学生有效生成?教师应了解学生的认知起点。每个高中生对社会问题和社会现象都有一定的认知。这些认知可能是科学的、全面的,也可能是片面的、偏激的。教师在了解学生认识起点的基础上预设问题,就能拓宽学生的生成通道。

完善的知识结构是教师把握生成,将生成作为重要教学资源的必备条件,当教师把学生的生成通道拓宽后,多元化生成就有了可能。这时,教师需要把学生的生成与教学目标建立起逻辑关系。教师的知识结构在一定程度上影响其对学生生成的把握程度。要让学生的思维活跃起来,教师需要设疑,这种疑难要与学生的经验联系起来。疑难出现后,教师要为学生提供材料,使其借助先前经验进行分析。教育就是有意设疑,基于学生的认知起点设疑,整合教学资源,促进学生能力提升。

我们发现,基于逻辑的问题链设计的起点也是学生的认知起点;基于问题逻辑的能力梯度设计和知识结构有着密切的关系,后者是前者的依据,前者通过能力梯度的体现与后者形成互相促进的关系。在有效的生成过程中,教学逐步深入,师生双方的思维都在逐步提升,进而碰撞出理性的火花。

(四)要有实证

思维品质的提升是需要依据的。课堂教学中,教师要为学生的生成准备抓手和依据,让学生有依据地发表观点。以下是这节课中教师提供的三组材料。

【第一组材料】

1. 多利羊诞生于 1996 年 7 月 5 日,1997 年首次向公众披露。它被美国《科学》杂志评为 1997 年世界十大科技进步成果之一。科学家认为,"多利"的诞生标志着生物技术新时代的来临,因为它是世界上首个没有经过精、卵结合,而是由人工胚胎放入绵羊子宫内直接发育成功的动物。

2. 作为世界上第一个成熟体细胞克隆的哺乳动物,多利羊在伦理问题上引发的争议丝毫不亚于科学上的轰动。

【第二组材料】

1. 1905 年,爱因斯坦发表了 5 篇论文,每一篇都是现代物理学史上标志性的成果。第一篇论文提出了光的波粒二象性。第二篇论文测定了分子的大小。第三篇论文论证了原子的存在。第四篇论文提出了狭义相对论。第五篇论文补充了狭义相对论,并推算出一个公式 $E=mc^2$。这一年被称为物理史上的奇迹年。

2. 1905 年至 1915 年,爱因斯坦数次应聘教职被拒,他应聘的职位包括伯尔尼大学的编外讲师和一所中学的物理教师。

3. 1915 年,爱因斯坦提出了广义相对论,重新理解了万有引力的来源和空间的概念。

4. 爱因斯坦的老师奥斯特瓦尔德在 1909 年因为狭义相对论提名爱因斯坦为诺贝尔物理学奖获得者,结果失败了。1912 年和 1913 年的提名,也失败了。1919 年,普朗克提名爱因斯坦,还是失败。1921 年,普朗克再次提名爱因斯坦,由于相对论属于理论物理(思想实验),不容易验证,他便提出爱因斯坦的另外一项研究成果(光电效应),结果当年物理学奖空缺。

5. 由于物理学界的声音,1923 年,爱因斯坦领取了诺贝尔物理学奖。诺贝尔委员会认可爱因斯坦在物理方面的贡献,却只字不提相对论,认为相对论并没有被最终证实。

【第三组材料】

1. 伦勃朗的名作《夜巡》藏于阿姆斯特丹国立美术馆。这是一幅无价的珍品,但伦勃朗也因为这幅画陷入了一个窘迫的境地。1642 年,有一些保安射手凑钱请伦勃朗画群像,他觉得把这么多人安排在一幅画中非常困难,便创新设计了一个场景:接到警报后,保安射手准备出发去查看,队长在交代任务,有人在擦枪筒,有人在扛旗帜,周围有一群孩子在看热闹。

2. 在当时,这幅画的画法为伦勃朗带来了麻烦。那些保安射手认为伦勃朗没有把他们的位置摆好,明暗、大小都不同,不仅拒绝接受,而且上诉法庭,闹得沸沸扬扬。整个城市都对伦勃朗充满嘲笑,此后他注定要陷入无人买画的绝境。

3. 直到伦勃朗去世后,阿姆斯特丹才惊奇地发现,英国、法国、德国、俄国、波兰的一些著名画家都受到了伦勃朗的艺术濡养。

面对创新和创新者应该具备的态度是这节课重要的教学目标,但在日常生活中,学生对创新和创新者还有不少误解,如认为创新者必定名利双收。教师应提供材料来促进学生的生成和思维提升。以上三组材料在人文性、故事性、代表性上都与传统思政课的材料不同。

教师在编写和整理生成材料的过程中需要融入教学目标,使学生通过对材料的解读来提高思维品质,形成科学精神。学生对于材料的概括和表述也体现了思维过程显性化。

第四节　指向深度学习的一体化教学设计

思政课一体化建设无论是对思政课的课程建设、课程价值实现,还是对思政课教师的教学来说都至关重要。基于这样的考虑,思政课教师在教学设计的过程中务必做到前后贯通。

一体化教学设计对教师来说是不小的挑战。教师要在整个课程结构中找到教学内容与教学目标准确合理的定位,并在此基础上设计本学段的课程目标。这项任务很重,但对于思政课教师来说意义重大。一体化教学设计需要教师转变教学方式,转变对思政课学习方式的认识,深化对课程性质的理解,不断优化自身的知识结构。

一、一体化教学设计需要提炼不同学段思政课的共性

一体化教学设计需要提炼不同学段思政课的共性。《关于深化新时代学校思想政治理论课改革创新的若干意见》指出,在大中小学循序渐进、螺旋上升地开设思政课,引导学生立德成人、立志成才,树立正确世界观、人生观、价值观,坚定对马克思主义的信仰,坚定对社会主义和共产主义的信念,增强中国特色社会主义道路自信、理论自信、制度自信、文化自信,厚植爱国主义情怀,把爱国情、强国志、报国行自觉融入坚持和发展中国特色社会主义事业、建设社会主义现代化强国、实现中华民族伟大复兴的奋斗之中。

从初高中课程标准对课程功能、课程价值、课程目标的规定来看,思政课应该与真实生活紧密结合,坚定马克思主义的基本立场;思政课的学习方式应该多样化,重视社会实践活动;思政课应该培育学生的核心素养并指向学生的长远发展;思政课要有明确的价值取向,使学生形成正确的价值观。

基于以上分析,我们认为,思政课一体化教学设计既是逻辑又是价值,其所秉持的应是整体架构、有效交叉、必要重复、合理反复、螺旋上升等同构性原则。[①] 这些原则应体现在一体化教学设计中。

二、以劳动教育主题为例阐释一体化教学设计

以 2019 年上海市大中小学思政课一体化建设活动"劳动创造美好生活"为例,阐释在高中阶段如何做好一体化教学设计。

把劳动教育作为大中小学思政课一体化建设的内容有其必然性和必要性。首先,培养德、智、体、美、劳全面发展的社会主义建设者和接班人是国家对于教育"培养什么人"这个重要问题的明确要求,其中,劳动是重要的组成部分。具体来说就是要在学生中弘扬劳动精神,教育引导学生崇尚劳动、尊重劳动,懂得劳动最光荣、劳动最崇高、劳动最伟大、劳动最美丽的道理,长大后能够辛勤劳动、

---

① 周增为.中小学德育课程一体化的教学设计与架构探析[J].现代教学,2019(Z2).

诚实劳动、创造性劳动。德、智、体、美、劳每一项内容都贯穿教育的全过程,贯穿学生成长的每一个环节,因此,把劳动教育作为大中小学思政课一体化教学设计的内容有其必然性。其次,劳动教育距离学生既近又远。"近"指的是所有年龄段的学生都对劳动有所认知,都有自己的劳动观。"远"指的是从课前调查结果来看,各年龄段的学生对劳动的认同度、运用正确价值观和劳动观评价社会现象的能力差异明显。因此,有必要针对不同年龄段的学生加强劳动教育。在具体设计过程中要注意以下几点:

(一) 准确把握学生的认知起点是一体化教学设计的前提

准确把握学生的认知起点是做好一体化教学设计的前提。此次活动中,小学、初中、高中三位教师都把"劳动是什么"作为把握学生认知起点的第一个问题。以高中一年级学生的反馈为例:大部分学生提到了就业等;一部分学生提到了做家务、当值日生;一部分学生提到了体力劳动和脑力劳动,特别强调科学研究也是劳动;小部分学生提到了志愿服务、公益劳动;几个学生提到了劳动是一种社会关系,这种社会关系应该符合社会的道德规范和法律规范;几个学生提到,劳动关乎自我价值的实现,如劳动带来的精神上的满足。

从学生的反馈来看,高中一年级学生的认知起点已经与八年级的学生有一定的区别。人的认知水平随着知识学习的深入、实践活动的积累、人生经验的丰富而不断提升,但一些基础性的认识是不会有较大变化的,比如对于劳动形式的理解,高中生、初中生、小学生有很大共性。高中生对于"什么是劳动"这个问题的反馈并不表明他们的认知停留在小学和初中的水平,反而说明这部分认知已经在他们的大脑中固化下来了。

八年级的学生能对劳动进行分类,高中一年级的学生不仅能对劳动进行分类,还能说明产业结构发展带来的就业结构的变化,这与其学习经验密切关联。从这个维度来说,同样是对劳动进行分类,高中一年级学生对分类标准的认知水平比八年级的学生高,支撑其分类的知识体系更加完整。一小部分高中生提到了志愿服务和公益劳动,这是他们通过社会实践不断丰富认知结构的结果,符合认知规律。

还有一部分学生提到了劳动是一种社会关系,是自我价值实现的途径。这说明高中生的认知水平明显高于初中生,并能与大学生的认知产生关联。基于问卷调查,我们能更为清晰地诊断和把握一体化设计的目标、内容、路径。它启发我们思考以下问题:哪些内容是学生已经知道的?哪些内容是需要不断强化的?哪些内容是需要丰富建构的?哪些价值观是需要巩固的?哪些价值观是需要建立的?这些问题的答案就是学科核心素养的提升路径。学科核心素养的培育是一个不断积累的过程,教师一定要把握好学生的认知起点,在设计中尝试回答以上问题。

需要说明的是,小学、初中、高中都涉及"劳动是什么"这一问题,原因是所有的思考都要运用概念。这些概念包括理论、原则、公理和规则等。概念和理论上出现的任何缺陷都是我们思考过程中可能的困难来源。① 教师可以通过分析这些缺陷来明确一体化设计的目标及不同学段的实施路径。

(二) 创设不同复杂程度的情境,实现有效交叉、必要重复、合理反复

基于学生反馈情况,高中部分的教学聚焦"劳动实现人生价值"这一主题。高中生对"劳动是什么"已经有了比较完整的认知,如何通过对社会现象的辨析强化其已有认知,使其形成正确的价值观,成为教学设计时的关键。

因此,教师引导学生思考"炫富""啃老"等现象。学生的回答主要聚焦在劳动和人生意义的关系、劳动和生命尊严的关系、劳动和社会财富增加的关系等。很多学生认为要具体问题具体分析。在学生辨析的基础上,教师用武汉快递员柯师傅的故事引导学生进一步提升认知。柯师傅很富有,却坚持送了7年快递,获得了"五星配送员"的称号。工友们说平时没看出他有什么特别的地方,就是工作特别努力,来得比别人更早些。他对工友们说,人不能因富有就不工作。他对记者说,工作没有高低贵贱之分,做一行爱一行,做一行就要尽最大努力把它做好。

这一环节设计的认知逻辑为"运用已有认知辨析社会现象——通过辨析社会

---

① [美]理查德·保罗,琳达·埃尔德.批判性思维工具[M].侯玉波,姜佟琳,等译.北京:机械工业出版社,2013.

现象强化已有认知并实现价值观层面的提升——通过构建更为复杂的情境使认知与之结合,形成反复—进一步提升价值认同"。整个过程中,学生能够用已有认知分析情境,并在多种情境中通过完成不同的学科任务实现自我认知的提升。这个过程也是学科核心素养培育的过程。

经过以上环节,教师进一步引导学生讨论应该建立怎样的劳动观。此时,学生已经能够顺畅表达自己的劳动观:对外,尊重劳动者,尊重劳动成果;对内,在劳动中实现人生价值和自我提升。这一过程旨在从理性认识上升到抽象概念。高中生的价值观必须建立在理性认识基础上,理性思考越深入,建立的价值观越坚固。

针对授课班级的学生具有较高认知水平与学习能力的实际情况,教师还准备了两段阅读材料(材料内容略)。学生讨论交流后,教师进行了总结升华:(1)第一段材料是马克思很久之前写的,今天读来仍让人为之动容,而且大家前面的回答与马克思在这段文字中的表述有相似之处,原因就在于这段文字触及了"人活着的意义"这个本源性的问题。只要符合这一价值观的劳动,我们都要尊重。(2)第二段材料是国家和时代对我们的要求。中华民族伟大的历史由劳动创造,我们站在新时代面对两个一百年目标更需要创造性劳动。至此,学生实现了认知提升。

课堂上,学生在教师构建的复杂程度不同的情境中运用所学知识和学科学习方法完成学科任务,并在此过程中树立正确的价值观。为此,教师必须构建合理的情境,基于这个情境布置面向未来和学生长远发展的学科任务。这一过程必然体现有效交叉、必要重复、合理反复。

教师继续问:"科技的发展使生产效率进一步提高,很多体力劳动被机器取代。有人认为劳动应该是高级形式的,不应该是汗流浃背的传统形式,大家同意吗?请结合前面的观点思考。"从思维发展来说,抽象概念上升到理性具体是提升思维品质的路径之一。这个问题的设计就基于这样的考虑。回答问题的过程中,学生需要调动课前和课中建立的对于劳动的认识(必要重复和合理反复),理解不同劳动形式与时代发展之间的关系,提炼不同劳动形式的特点与共性,主动建立情境与已有认知之间的关联,并在此过程中做出价值判断。

学习者的概念呈现出多种侧面,包括信息的、操作的、联系的、怀疑的、组织的。学习者的概念所具有的首要功能就是存储知识或知识整体。这种存储不是直接的,而是通过整合被模型化为一种结构。学习者的概念首先与情境相关联,在这些情境中,学习者必须解决一些问题,实现不同的活动,构思新的行为算法。总而言之,这些情境让主体不再只朝向过去,朝向需要回复的一定量的信息,而是选择合适的信息,对现实进行结构化的组织。① 简而言之,学生的认知基础不同,所处情境不同,表达也体现出差异化和多样性。这就是理解和迁移的过程,即在教师引导下,学生能面对新的情境,不断建立新旧知识的关联,迁移成为新知识。

最后,教师总结:"首先,在不同的时代,劳动形式也有所不同。每一次技术革命都会带来劳动形式的转变。其次,对不少人来说,劳动的目的不仅是制造产品,提高产量和效益,还包括保持身体的活力,在劳动中挑战和发展自己,体验创造。所以,在任何时代,个人都要通过劳动强健身体、提升智慧、磨炼心志、追求卓越、塑造人格。最后,劳动是推动人类社会进步的根本力量,能够促进人的全面发展。"

本课所选取的社会现象看似平常,但整合在一起就构成了一个复杂的情境。基于学科任务构建的情境应该是一个有历史纵深和横向比较的立体化网络。在情境设计时,教师往往会先找到一个点,再逐步引申,找到它前后左右的点,构建起一个立体化网络。这个立体化网络是一种高度仿真的情境模型,具有典型性和普遍性。学生在情境模型中完成各类学科任务会有更大的空间和视野,学习效果也会更好。

(三) 通过"思维—表达"的过渡培育学生的学科核心素养

通过教学,我们不难发现,一体化教学设计有助于完善学生的知识结构,提升学生的认知能力,培育学生的学科核心素养。在课堂教学中,这些都是通过思

---

① [瑞士-法国]安德烈·焦尔当,裴新宁.变构模型——学习研究的新路径[M].杭零,译.北京:教育科学出版社,2010.

维过程显性化来体现的。本节课中,教师和学生充分互动,学生的认识起点是本节课教学逻辑的起点,课堂互动是本节课逻辑推进的动力。教师通过对学生思维过程显性化的把握落实教学目标,实现学科核心素养的螺旋式上升。

教师应该依据不同的课题和学生的情况进行不同的一体化设计,但这些设计都应该符合人的认知规律和课程的核心价值。教师要抓住这些变和不变,在一体化设计的过程中不断成长和进步,加深情怀,更新思维,拓宽视野。

第五节 指向深度学习的课堂标准和教学设计原则

教学设计应以"人的教育"为根本,关注学生的身心发展。教学是课前、课中和课后的师生思维交互活动,课堂中的所有环节都是教师对教学内容进行系统化设计的思维反映,包括教师对学生的认知和期待、学生对教师的期待所作的反馈、学生在学习过程中的思维变化和发展。课前,教师要根据学生的认知起点筛选教学内容并进行设计;课中,教师要抓住重要的现场生成,把这些要素作为重要的教学内容,及时调整教学设计,以适应教学中的变化;课后,教师要总结课堂中形成的新问题和设计中待解决的问题,或者延续到下节课讲解,或者设计成课后作业,使之成为教学的延伸部分。

一、指向深度学习的课堂标准

(一) 有助于学生的发展

高效课堂是关注"人的教育"的课堂。学生是一个个灵动的生命,是有着独特思想和思维能力的个体。学生的发展包括很多方面,教师在教学中尤其需要关注以下问题:

1. 知识学会了吗

这体现了从不会到会、从不懂到懂、从不能到能、从少知到多知的变化。学生在很短的时间内,掌握了本节课的知识,并能正确解答习题,说明理由;学生课上发言了,得到了教师和同学的肯定;学生掌握了多种解题方法,提出疑问并得到了解答……这些都是有效学习的表现。高效就是在学生有效学习的基础上缩短其学习时间,提高其学习效率,提升其学习效果。

教师需要在课后反思:这节课教了哪些知识?学生学到了什么?学生用多长时间学会的?学生是通过什么样的方式学会的?是否全体学生都学会了?这里所指的知识不是"死知识"(惰性知识),而是"活知识"(有用的知识),"活知识"能够生根、开花和结果,让学生在生活中运用,在实践中会用。知识应有一定的深度,涉及学科动态发展方向、不同知识的关联等。

2. 思维碰撞了吗

传统课堂应逐渐向有效课堂及高效课堂转型。今天的课堂应成为所有学生交流思路、想法的场所,成为学生发现新问题、表达新观点的地方。今天学生发言了吗?学生发言时是否有理有据?学生是否参与了小组讨论?课堂气氛活跃吗?学生要从不同角度进行思考,发散思维。比如,在化学课堂中,题目有多种解法,教师可以鼓励这些有不同解法的学生走上讲台,与大家分享、相互启发。

3. 能力增长了吗

高效课堂的关键是提升学生的学习能力。高效课堂的高效不局限于知识的学习,知识的学习是低层次的学习,能力的发展才是高层次的学习。有利于提升学习者学习能力的课堂才有可能是高效课堂,教师要挖掘学生的学习潜力,发展学生的智力因素和非智力因素。在小组合作中,教师可以让不同能力的学生组成合作小组,发挥各自的长处,共同提升能力。比如,语言表达能力强的学生可以和观察能力强的学生合作。教师要发现不同学生的优点,并帮助他们发展相应的能力,提升他们的潜在创造能力。

(二)有良好的教学氛围

教学氛围是教学活动中的心理环境。良好的教学氛围是教师和学生身心保持愉悦状态的前提。

1. 师生的多维互动

教师亲切友善地面对学生,与学生平等对话,学生在教师的引导下畅所欲言,这种和谐的师生关系是教学相长的前提。师生应共同营造一种宽松和谐的学习氛围。在这种氛围中,学生能够自由地表达观点,主动展示自己的才华。教师走到学生中间,参与学生的讨论,分享情感、知识和思维,迸发出新的思维火花,达到共享、共识与共进。

师生之间应多维互动,既有知识方面的讨论,又有情感方面的交流;既有学习上的探讨,又有生活上的分享;既有语言上的互动,又有行为上的互助。

2. 师生的包容文化

教师在解释说明某个原理或某件事情时,在与学生谈话时,必须尊重学生,接受学生那种积极活泼的生活状态;学生在建构知识的过程中,不能因为不喜欢某位教师就否定他讲解的知识点,不能因为教师的性格、外貌等就不尊敬教师。师生间的爱和尊重是相互的,相互怀有好感,相互尊重和友爱,才是完成教学任务、实现教学目标该有的环境。

3. 教室环境的布置

教室是课堂教学的场所。教室环境对于课堂教学的顺利进行有着重要的影响。舒适的环境有助于学生形成良好的情绪情感体验。教室的光线、色彩、声音、温度等对进入教室的每个人都会产生或多或少的影响。教室内的装饰、布置情况体现着班级文化,是班情的表现之一。

总之,评价课堂教学是否高效的重要标准是学生的发展状况,"以学生为中心"是永恒不变的宗旨。

二、指向深度学习的教学设计原则

(一)主体性原则

学习的过程是学生在实践活动中自己体验、思考、总结知识的过程,从中逐步形成正确的情感、态度与价值观。学生主体性的形成,既是教育的目的,又是教育成功的条件。

主体性原则是指学生作为学习的主体和主人,应明确学习目标和发展方向,结合自身的兴趣爱好,树立理想;应自主选择学习小组,采用适合自己的学习方法。学生不仅要发挥主观能动性,享受自主选择的权利,还要明确自身作为学习主体的义务,在有限的时间内提高效率,克服学习障碍,最大化地发挥自己的潜在能力。

（二）生成性原则

高效课堂的目标包括学会、会学、乐学,涉及知识、能力、情感方面的生成。教师要关注两方面内容的生成。一是预设内容的生成,教师在备课和设计教学时,要考虑到课堂中可能出现的突发情况和学生的独特思维情况,减少突发情况对课堂的不利影响。二是不可预知内容的生成,这对教师的教育教学提出了更高的要求,需要教师冷静理智地处理不可预知的情况,不断积累教学经验等。教学是动态的过程,是在目标和计划的导向下进行的,但又是对预设教学的超越和发展。

（三）民主性原则

师生是民主平等的关系,教师要树立民主教学思想,尊重学生的人格,真诚对待学生,关心爱护学生,公正对待学生,客观认识学生的差异。教师在设计教学时,必须充分体现出师生、生生之间的民主关系,营造出一种轻松愉悦的课堂氛围。

（四）合作性原则

小组成员的协同合作是实现班级学习目标的重要途径。合作学习既是时代发展的要求,也是现代教育的重要特征。在教与学的互动过程中,教师与学生分享经验知识,交流情感体验。教师要加强组织,指导学生进行合作学习,培养学生的合作意识。在备课过程中,教师与教师之间要加强合作交流,共享优质教学资源,发挥集体智慧,形成共同的施教方案,实现共同发展。

（五）实事求是原则

教师在备课和施教过程中要总体把握教学流程,结合自身的专长,从实际出发,敢于面对学生提出的质疑,促进学生的潜能发展。在与同行交流中,教师要虚心请教,承认自己的缺点和不足,及时改进,不在公开课上弄虚作假。

(六) 开放性原则

开放性原则主要表现在两方面。一是教学内容的开放性。教师在设计教学内容时应结合实际情况和学科前沿知识，考虑各学科知识之间的衔接点。二是教学策略的开放性。教师要结合学生的兴趣和教学需要，采用不同的教学方法。教师进行教学设计时要综合考虑各种各样的课程资源和教学方法，扩大选择范围，充分利用信息化背景下的知识宝库，为不同特点的学生精选学习内容和方法。

(七) 整合性原则

从导入到讲授新课，到课堂小结，再到巩固练习，教师要做到环环相扣。同时，教师要实现各要素的优化组合，比如，优化组合物理环境教学设施要素、人员要素、课程资源和教材教辅等信息要素，优化组合教学中的目标、过程、内容、方法、结果和评价等动态要素。教师在教学分层指导时应注意循序渐进和整体把握。比如，化学这一学科知识的学习是由易到难的，教师要注意学科知识内部的整合性，帮助学生回忆已有知识，构建新的知识。

整个教学设计一般由多种要素构成。揭示和解释诸要素之间的动态联系，从全局角度把握教学过程，整合课堂教学中的每一个步骤，是至关重要的。

学生既是学习的主体，又是未来实践的主体，促进学生发展是高效课堂的重要目标。学生学到的知识既是整合的、系统的，又是生成的、开放的，这些知识是高效课堂的重要载体。教学过程是师生、生生平等交往的过程，他们在交往过程中坚持民主性原则和合作性原则，这是课堂高效生成的前提。教学活动应是真实的活动，高效课堂应是真实的、优化的课堂。

第四章 策略:从深度学习走向学科核心素养培育

本章将从深度学习角度讨论以下问题:
1. 深度学习视域下的思政课教学有什么特征?
2. 思政课深度学习策略有哪些?

第一节 深度学习视域下学生学习的基本特征

一、深度学习的价值

《关于全面深化课程改革 落实立德树人根本任务的意见》中把核心素养的内涵界定为"学生应具备的适应终身发展和社会发展需要的必备品格和关键能力"。就关键能力而言,从学习过程(认知加工)的角度可以把学生的学习能力分为阅读能力(输入)、思考能力(加工)、表达能力(输出)三种。这三种能力是学生学习的基本能力、核心能力,具有基础性、生长性、共同性、关键性等特征,创新能力、研究能力、设计能力、策划能力等都建立在这三种能力基础上。

阅读能力是最基础、最关键的学习能力,直接决定学生学习的效果和效率。思考能力是最核心、最根本的学习能力,直接决定学生学习的水平和质量。思考能力强调的是主体性、独立性、创造性,具有三个特点。一是有根据。思考时要以事实、数据和真实知识作为依据,进行推论。二是有条理,应系统、完整、有逻辑。事物联系、发展、变化的秩序是其内在逻辑。三是有深度,应揭示事物的本质。深度既包括思维方法和过程的深度,也包括思维对象的深度。表达能力是指把自己内化了的知识传递给他人,或是由于外化而得以表现的内容。简而言之,表达就是用自己的语言说出自身对问题的认识。能用自己的语言,从不同的角度来阐述看法或发表意见,既是理解的重要标志,也是从理解到创新的关键一步。表达能力是学习能力的重要体现和综合反映,通过表达,知识才能被激活,才能真正被转化为能力。因此,这三种能力不仅呈现出线性关系,更是具有系统性、立体性和层次性的整体。

深度学习是一种基于高阶思维发展的理解性学习。因此,关键能力的习得离不开以可迁移的知识、技能和态度为结果表征的深度学习。基于深度学习理论,教师要从学生学习的视角出发,思考学生"学什么""怎么学""学得怎么样"和自身"为什么教""教什么""怎么教""教得怎么样"等问题,追求有意义的教学设计。笔者认为,指向关键能力的深度学习是通过知识系统化的单元设计来实现的。

二、深度学习的特征

深度学习与虚假学习、浅层学习在目标、内容、教学、评价等方面都有明显的差异(见表4-1)。

表4-1 虚假学习、浅层学习与深度学习比较

学习类型 内容 比较项	虚假学习	浅层学习	深度学习
学生	似容器	低级能动	积极主动
教师	拥有"一桶水"	只顾让学生死记硬背、机械操练	引起、维持、促进学生学习
目标	教材中的直接答案	标准答案	学以致用,共生共享的评分规则
内容	不需要理解的信息	字面理解的信息	蕴含意义的任务(在真实情境中解决问题)
教学	没有一定的学习过程	侧重记、背、练的学习方式	高投入,高认知,高互动,个人化学习
评价	只管结果对错	纸笔—记背—操练	真实情境问题—任务表现—反思

深度学习与浅层学习相比,具有注重批判理解、强调内容统整、关注高阶思维、把握关键因素等特征。

一是注重批判理解。深度学习的过程首先是基于理解的学习过程。浅层学习的记忆方式主要是机械记忆,学生不了解学习内容的意义。深度学习要求学生批判性地学习新知识,在对所学知识进行深层次理解的基础上进行学习,明确知识

意义,并把它们纳入原有的认知结构,在各种观点间建立多元联系,把握学科本质。深度学习要求学习者在理解事物的基础上质疑辨析,能够透过现象直抵问题的本质,加深对深层知识和复杂概念的理解,学会对知识进行情境化的运用,善于管理知识。

二是强调内容统整。深度学习强调学生要在多种知识和信息间建立联系,充分运用元认知策略,借助图表等方式梳理新旧知识之间的联系,把新习得的知识整合到原有的认知结构中,从而深入理解、长期保持、迁移应用新的知识信息。

三是关注高阶思维。深度学习关注学生的高阶思维发展,注重知识的科学性和系统性。深度学习要求学生主动理解新知识,运用原有的知识经验对新的概念(原理)或问题进行分析、鉴别、评价,从新的角度去看旧的问题,勇于质疑,形成自我对知识的理解,建构新知识序列,注重检查、评价、调控、改造。

四是把握关键因素。深度学习要求学生在深入理解新情境的基础上,对关键要素进行判断和把握,并进行重组性迁移运用。学生在原有的知识基础上重新分析,力求把握关键因素,解决复杂的、不能简单套用规则和方法的"劣构问题"。

第二节 指向关键能力的深度学习策略建构

一、深度学习视域下的基本学习策略

只有立足学,才能弄清楚教。所有关于教的问题的思考和设计,都应把对学的理解和把握作为基础,否则,教就可能成为背离学的规律、脱离学的目的的无实际效果和意义的活动。[1] 教师要想在高中思政课中实现深度学习,应把握好一些基本学习策略。

---

[1] 向葵花,陈佑清.聚焦学习行为:教学论研究的视域转换[J].课程·教材·教法,2013(12).

（一）基于复杂情境的学习

学习理论主要有行为主义、认知主义、建构主义三大流派。行为主义强调刺激反应，认知主义强调认知结构，建构主义强调意义的自主建构。就目前的教学而言，行为主义的特征是多讲多练；认知主义注重知识呈现的顺序；建构主义强调学习主体的体验与感受。行为主义认为，足够的刺激必然会产生预期的反应，所以，批评和奖励都是为了让学生产生预期的反应。认知主义认为，人的认识具有阶段性的特点。知识呈现结构只有与学习者的认知阶段相匹配才能够真正被学习者接受。所以，合理的知识呈现结构有助于学习者学习行为的产生。建构主义认为，意义是在特定的情境中，学习者主动建立新知识与以往经验的联系而产生的；在这样的联系没有建立前，一切意义对于学习者来说都是不存在的。这三种学习理论各有特点，各有所长，但也各自存在缺陷，而且，当前的课堂教学很可能存在着各种学习理论杂糅的特点。

所以，基于情境，实际上是一个介于认知主义和建构主义之间的课堂教学逻辑起点设置要求。让学生在情境中学习，就是让学生直接面对需要解决的问题，在情境中完成学习任务。当教师设计的问题是一个有趣的学科问题时，其教学更接近认知主义风格，而当教师将一个真实的生活问题呈现在学生面前时，其教学更接近建构主义风格。

学习情境是与学生所学习的内容相适切的、包含问题的生活事件。学习情境的本质是生动的生活事件，其中包含与教学内容具有内在联系的问题。学习情境既是事件，又是问题，但不是知识内容本身。简单地说，基于情境，就是把一堂课设计成一次问题解决的过程。一堂课从一个有意义的问题开始，到这样一个有意义的问题的解决结束，所有的知识学习、能力训练都在问题解决过程中得以体现。在去情境化的教学中，学生直接接触现成的结论，不知道所学知识是为了解决什么问题以及是如何得来的。这给学生深刻理解学习内容带来了障碍，不利于学生思维的发展。创设真实的问题情境有利于学生在解决问题的过程中综合运用知识，循着知识产生的脉络去准确把握学习内容，发展高级思维能力，提升分析和解决问题的能力。

教师要创设能够反映问题复杂性的学习环境，使学生的学习活动尽可能发生在现实情境或类似情境中。一般来说，教学情境包括两方面。一是统整的知识图景。在具体教学过程中，教师要善于打破教材内容之间、学科之间的界限，引导学生发现知识间的各种联系。二是相对完整的意义世界。在具体的学习过程中，学生是知识的创造者，他们在解释、判断知识对自身成长意义的过程中，有目的、有选择地把不同学科、不同性质的知识整合在一起，构建起一个相对完整的意义世界。

在思政课中，教师应精心选择一个真实事件、人物或热点话题，把情境预设成与教学内容相关的一个主题系列，通过一系列把情境与教学内容紧密联系的问题设计，引导学生在现象和本质的统一中进行探究，培养学生的政治认同、科学精神、法治意识、公共参与等核心素养。

（二）基于真实问题的学习

在引入主题情境后，教师应通过具有高阶思维导向的问题设计把情境与教材有机连接起来。所谓问题，不是教师预设的虚拟问题，而是学生认知的真问题。这是教学活动的起点，是真正基于学生的教学。它关注学生作为认知主体在面对生活时是怎样与相关知识发生联系的。

基于学生的教学把学生的认知困难作为教学的起点。这种教学最重要的变化就是：知识不再是认知的终极目标，而是学生认识周围世界的工具，学生为了理解生活而获取知识。这种教学把学生的学习作为核心任务。在这样的观念指导下，教师坚信，知识的获得是正确而有效的学习活动的必然结果。知识或许会过时，但正确的学习方式是永恒的。这种教学注重形式的变革。如果将学生理解为承载知识的容器，那么简单的授受关系就足够了，但是一旦真正将学生看成认知主体，那么，教师就应该关注他们如何在课堂中发生真正的生命反应。

真实情境为学生提供了理解现实生活的机会，促使学生在学习与生活之间建立联系，让学生主动探索问题，真实体会知识的发现与建构过程，同时深刻理解知识不仅来源于生活世界，也用于改造生活世界。学生只有经过艰苦的同时又趣味盎然的探索过程，主动追问和求解，才能获得丰富的情感体验。这个过程不仅是学生智力活动的展开过程,也是学生情感体验与意义建构的过程。因此,真实情境能促进学生深度学习与有效学习。

在设计中,教师要向学生呈现有价值的问题。这些问题是原汁原味的,在现实情况下就是这么出现的。在描述问题时,教师应说明需要学生扮演什么角色,产生什么学习结果,让学生真正理解问题,进入角色和状态。在明确任务后,小组进入研讨过程;在问题解决过程中,学生要不时停下来,分析他们收集的材料,提出假设;问题解决后展示成果,交流与评比,切磋与反思。教学过程要符合"问题引领—发散思考—探究求证—总结反思—迁移运用"的基本流程。教师要引导学生从单一走向综合,从封闭走向开放,从知识的记忆巩固走向问题探究,从浅层思维走向高阶思维。教师要用跨模块、跨单元甚至跨学科的综合性、开放性、探究性的问题培养学生的怀疑精神、批判性思维和创新能力。

(三) 基于高阶思维的学习

这是深度学习体现智慧的一个重要方面。高阶思维一般体现为创新思维和批判性思维。这里有一点需要澄清,思维方式和思维类型是两个概念。简单地说,分析演绎类方法属于思维方式,而创新思维和批判性思维等属于思维类型。教师不能因为强调思维类型而弱化了对于思维方式的训练。

高阶思维要求教师基于情境设计教学。这必然要求教师改变以往基于基本概念的教学,即一种完全在教师控制之下的思维活动、思维方式、思维过程和思维结构。教学一旦不是从基本概念开始,而是从具体情境开始,学生就可以按照自己的思维方式去思考。所以,高阶思维是在有意义的情境产生的。当然,在这样的过程中,教师的作用还是很重要的。师生高效互动是促进学生高阶思维形成的有效途径。教师不是教会学生思维,而是通过适当的互动促进学生思维发展。从管理的角度来看,深度学习对课堂目标和环境进行管理,从而让过程自然产生。

教师要注重培养学生的高阶思维。教师可以选择一个目标,让学生定向思考,在提问时设置一些思维"岔道",锻炼学生定向选路的思维能力。一旦发现学生的思维偏离了正确方向又不能自我调整，教师应及时点拨，以把控学生思维的方向性。教师要注意知识的科学性和系统性，提升学生的理解力、概括力、抽象能力。教师的课堂教学应有一定的速度和密度。教师应加强口语训练，还应鼓励学生"顿悟学习"，以培养其思维的敏捷性，使其深入钻研问题，抓住事物的本质核心，鞭辟入里地分析问题，恰到好处地解决问题。教师在教学中应引导学生从新的角度去看旧的问题，激发学生的创造性思维和求异思维。教师要有随机应变的能力及时把握学生的创造性生成，保护学生感受过程、习得规律、发展智慧的积极性，根据教学过程中出现的新情况及时调整预设。

（四）基于高效互动的学习

教师与学生之间、学生与学生之间不是一种简单给予、被动接受的关系，而是一种鼓励和帮助的关系，双方互相接纳、互相敞开、互相理解，从而共享知识、共享智慧。

深度学习的结果是预设问题的解决、知识或者技能的习得。预设问题的解决是整个设计的组成部分，不是课堂的结果。知识和能力是课堂教学的自然结果，不是课堂的真正结果。课堂教学的真正结果应该是学生学习经验的获得，因为这是生成性的、开放性的，与学生的终身发展有关。互动具有多维的特点，涉及师生之间、生生之间、教学资源与学生之间、教学资源与师生之间的互动。概括起来，互动应该在教师、学生、教学资源、教学环境、组织方式五个维度展开，最终指向学生学习经验的获得。

教师一定要注意目前课堂教学中存在的伪互动现象——部分教师把互动看作达到自己教学预设的手段，表面上是组织学生讨论，实际上是通过强力干预，让学生跟着自己的思路走。

在学习设计中，小组合作学习是主要的学习方式。教师要精心设计教学环节，对可能出现的意外情况应预先想好对策，调动学生学习的主观能动性，使其与教师和教学情境产生积极、持久的互动，进而内化知识和技能，形成正确的情感、态度与价值观。

（五）基于人文关怀的学习

教师为什么而教学，是技术至上，还是真正关注人的解放和自由、人与周边环境的和谐相处？当前教育正面临一个重要的转变，即从能力导向转向价值导向。

功利主义教学的目的是让个体获得知识与技能，并最终让知识与技能成为个体获取更多社会资源的基础。这样的教育关注结果，忽视过程。这样的课堂缺少对于学生的尊重和对于个体的理解。基于人文关怀，就是为了避免技术至上的功利主义教学。

首先，深度学习的教学目标指向学生，关注学生创造力的发展。教师所有教育教学行为都要有利于发展学生的创造能力和创新精神。其次，教师要为每个学生的充分发展提供适宜的机会和条件。他们与教师具有同等的话语权。任何人都没有优先权或特权，不允许任何人支配他人或压制他人。最后，教师要允许学生犯错，允许学生寻求帮助，允许学生用自己的方式来接受、建构新的知识。

（六）基于学科本质的学习

如果说教材是课程资源的核心，那么，学科本质就是学科内容体系的核心。抓住了教材，抓住了学科本质，也就抓住了学科教学的核心。为了实现深度学习，凸显政治学科的本质，教师便要进行基于学科思维方法的教学。马克思主义的整个世界观不是教义，而是方法。它提供的不是现成的教条，而是进一步研究的出发点和供这种研究使用的方法。[①] 尤其是对于宏观主题和理论内容的学习，教师如果不改变以往教学中"重结论、轻推导，重灌输、轻引导"的行为，就很难获得理想的效果。教师只有让学生运用科学的思维方法合乎逻辑地推导出结论，学生才能化理论为方法，化方法为能力，化能力为素养，以事实为依据，以理论为内核，以兴趣为切口，以问题为主线，转变观念，实现深度学习。

在教学设计中，教师要把教材的内容和语言与学生的认知起点结合起来，引导学生运用历史唯物主义的方法分析历史事件，评价历史人物，审视现实问

---

① 中共中央翻译局.马克思恩格斯选集(第四卷)[M].北京:人民出版社,1973.

题。教师要引导学生学习和借鉴历史学科中关于近现代史的内容和基本结论,让学生以整体的历史观审视近现代历史,进而通过历史现象的分析与综合,把握近现代史发展规律,把社会历史发展规律与当前社会改革发展相联系,理解社会发展形势。比如,在讲解"现代化经济体系"专题时,教师可以结合经济常识中的"社会主义市场经济""对外开放"等内容,适当引导学生利用生产力和生产关系的辩证关系、经济基础和上层建筑的矛盾运动来观察经济现象,理解经济政策演变背后的逻辑依据,进而理解改革的"无止境"和开放的必然性。

在历史事件与社会现象的探究过程中,教师要引导学生把握社会历史发展的阶段性特征,让学生用实践检验观点,明白中国特色社会主义是历史和人民的选择,基本理解中国特色社会主义道路既是历史和逻辑的统一,又是普遍性与特殊性的统一。教师要引导学生探究复杂情境问题,辨析不同价值观,揭示其根源,逐步形成辨别是非曲直和社会发展方向的能力,树立起辩证唯物主义和历史唯物主义的态度与价值观。教师应完整呈现政治学科的生动性、现实性、逻辑性与完整性,经过长期的基于学科本质的思维方法的训练,使学生能自觉运用辩证思维与历史思维独立思考,以建设性批判的态度理性澄清有关信息和观点,回应各种不确定性,增强对社会主义核心价值观的认同感,提升对中国特色社会主义的道路自信、理论自信、制度自信、文化自信。

二、深度学习视域下的具体学习策略

《深度学习的 7 种有力策略》[①]一书中提出了深度学习路线教学模式。该模式以推动学习者的深度学习为目标,主要包括 7 个实施步骤:设计标准与课程、预评估、创造积极的学习文化氛围、准备与激活先前知识、获取新知识、深度加工知识、评价学生(见表 4-2)。

---

① [美]詹森,等.深度学习的 7 种有力策略[M].温暖,译.上海:华东师范大学出版社,2010.

表4-2 深度学习路线的实施步骤及过程

实施步骤	过程
设计标准与课程	了解标准与课程中规定的内容和技能、教学目标及它们之间的关系,以便明确学习目标、知识学习的先后顺序、知识之间的联结等。
预评估	了解并掌握学生现有的水平和需求,用多种方式收集重要信息,依据这些信息决定从哪里开始激活学生的先前知识、采用哪些加工策略。
创造积极的学习文化氛围	必须给学生提供一个安全、有归属感的氛围与环境,使师生、生生之间形成和谐、互助的关系。
准备与激活先前知识	在学习新知识前,采用多种方法激活学生的先前知识,使旧知识与新知识形成联结,促进新知识的学习。
获取新知识	根据学生的差异采用多种方式进行教学。
深度加工知识	引导学生深度学习知识,通过分析、综合、应用、同化对知识进行加工。
评价学生	抽象复杂知识的习得必须要有及时而准确的反馈,反馈是优质课堂的组成部分。

为了实现深度学习,教师需要思考几个问题:(1)学生的认知规律与认知障碍是什么——如何了解学生?(2)什么内容更有价值——教什么更有利于学生核心素养的发展?(3)什么目标更有意义——学生应学会什么?具备哪些核心素养?(4)什么活动更有利于教与学——如何组织教学活动才能使学生进行真正意义上的学习?(5)如何检验学生达成了目标——怎么评?

从学生的角度看,学生应正确认识自己,找准定位,明确目标;掌握学习方法,熟悉学习路径,选择合理的学习素材并利用各种资源;运用多种方法检测自己,学会反思和总结。从教师的角度看,教师要在全面分析课程标准和教材的基础上,结合学生的认知起点,创设真实有效的学习环境,引导学生转化概念,实现深加工,最后通过评价反馈,检验学生的学习成果。深度学习是一个系统的、完整的、长周期的学习过程,涉及学习单元。

(一) 学习单元的概念解析

新课程、新教材改革推动课程与教学的进一步转型,促使课时教学转向"核心素养—学科素养—单元设计—课时计划"的课程与教学设计逻辑。基于学科素养的单元教学设计逐渐成为一线教学的新常态。

单元设计时,教师要基于学科素养,思考怎样开展基于一定目标与主题的探究活动,从而创造优质的教学。单元设计不是把教学内容碎片化地当作知识点来处置,而是使其有机地、模块式地组织在一起。

单元是基于一定目标与主题的教材与经验的模块,可以大体分为基于文化遗产、以系统化的学科知识为基础的教材单元(学科单元)与以学习者的生活经验为基础的经验单元(生活单元)。

单元的历史可以追溯到威勒(T.Ziller)倡导的五段教学法——分析、综合、联想、系统和方法。他把采用这种方法的教学过程中的一个模块的教材作为单元,谓之方法论单元。美国研究者在方法论单元基础上基于思维过程进行教材单元的编制,并开发了多种多样的单元,包括以建构式作业与探究性经验为基础的项目单元与问题单元、以教材主题为中心的课题单元、以儿童兴趣为中心的作业单元、基于社会经验的活动单元与经验单元等。

回顾单元的历史变迁,可以发现两种思考方式:一是注重知识模块的教材单元;二是基于儿童生活经验的活动模块优先的经验单元。教材单元与经验单元的构成方法有所不同:教材单元是用学科框架内的模块式学习内容来组织的;经验单元是用儿童自身经验活动的模块来组织的。

佐藤学把单元设计提炼为两种类型(见表4-3)。在传统课程中,单元是用"目标—达成—评价"模式来组织的。在活动课程中,单元是用"主题—探究—表达"模式来组织的,强调活动性、协同性、反思性学习。"目标—达成—评价"模式能使儿童有效习得知识技能,但不能让儿童共同探究课题,进行活动性、协同性、反思性学习,不能促使儿童反思学习成果。

表 4-3 两种单元设计类型的比较

类型	聚焦	模式	特征
阶梯型（程序型）	目标（教学目标达成）	目标—达成—评价	封闭性、划一性、单调性
登山型（课题型）	主题（学习经历体验）	主题—探究—表达	活动性、协同性、反思性

佐藤学用登山的比喻来说明"主题—探究—表达"模式。导游（教师）熟悉山（单元）的魅力，理解山与山的关联布局，知道攀登不同山峰的登山道（学习路径），能够引导登山者（学习者）避开危险的丛林、沼泽地和悬崖（偏见、漏洞、谬误），能够提供帮助（支架），使登山者按照自己的计划（探究方法与步骤）快乐登山（实现目标）。

（二）学习单元的设计方法

1. 学习单元的基本结构

为了解决教学关键问题，学习单元设计要包含单元学习主题、单元学习目标、单元学习活动、持续性评价方案四个基本要素（见表4-4）。

表 4-4 对应教学关键问题的学习单元设计

教学关键问题	设计与实践
怎样确定更有价值的学习内容？	单元学习主题（中心任务）
怎样确定更有意义的学习目标？	单元学习目标（活动预期）
怎样设计才能使学生主动解决挑战性问题？	单元学习活动（学习过程）
怎样设计评价方案才能促进学生高阶思维的发展？	持续性评价方案（达成反馈）

相较传统学习模式，深度学习视域下的学习单元设计具有价值性、本体性、挑战性、发展性特点，可以改进教学。

教学关键问题1：教学内容的价值追求不到位。

改进策略：确定单元学习主题。要确定最有价值的教学内容，就要围绕学科核心内容，确定对现实生活有意义的、能够促进学生持续探究的单元学习主题。

教学关键问题2：教学目标的本体性体现不充分。

改进策略:确定单元学习目标。学习目标能反映学科本质及思想方法,能促进学生深度理解和灵活应用知识、技能、策略,形成正确的情感、态度与价值观。单元学习目标指向学生思维习惯养成和实际应用能力提升。

教学关键问题3:教学活动的挑战性不足。

改进策略:设计单元学习活动。教师要设计以理解为基础的意义探究型学习活动,促使学生把新知识纳入原有的认知结构,实现有意义的学习。

教学关键问题4:教学评价的过程性欠缺。

改进策略:设计持续性评价方案。教师要借助评价工具为学生的学习活动持续提供反馈,帮助学生改进学习过程,促进学生自我诊断与自我修正。

根据深度学习的基本路径和方法,结合学习单元设计的基本要素,我们形成了深度学习视域下的学习单元结构(见图4-1)。

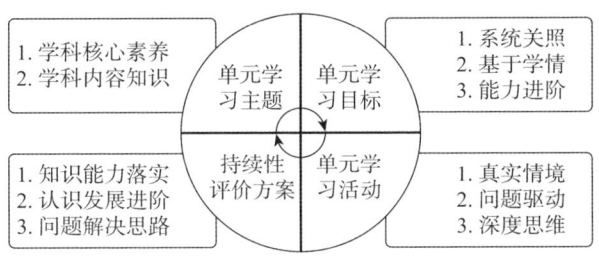

图4-1 深度学习视域下的学习单元结构

在学习单元设计与教学实践过程中,四个环节循序渐进(见图4-2)。

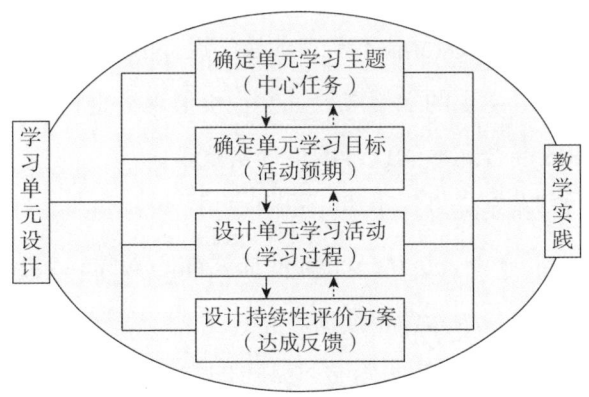

图4-2 深度学习视域下的学习单元设计与教学实践

2. 学习单元的设计步骤

学习单元设计涵盖教学设计的核心步骤,将系统化的教学设计分为分析、设计、开发、实施、评价五个步骤。

(1) 分析(Analysis),即分析学习者特性、前提条件(准备性)和教学内容,明确目标。教学系统要有明确的目的。课程体系要有整体性,与学生有明确的相关性,并与教学环境相适应。因此,分析阶段主要涉及教学对象分析、教学内容分析、教学环境分析。

(2) 设计(Design),即进行教材研究,编制教学内容的可视图。设计阶段主要涉及教学目标与重难点设计、教学媒体选择和教学策略设计、教学过程与教学资源设计、学习评价设计。

(3) 开发(Development),即梳理单元计划和教学流程,准备教材与学习环境。立足分析、设计两个阶段,开发阶段重在选择合适的教材资源,同时制作、开发各种辅助性学习资源,以生成单元教学内容。在开发阶段,课前需要完成与学生自主学习相关的配套资源开发,主要涉及自主学习任务单的制作和以微视频为核心的在线配套课程资源建设。

(4) 实施(Implement),即根据教案,运用准备好的教学材料开展课堂教学。可借助恰当的教学媒体和实施方式,分为课前、课中、课后三个阶段。

(5) 评价(Evaluation),即借助教学后的研讨开展教学反思。评价主要涉及形成性评价和总结性评价。形成性评价贯穿混合式教学设计的各个阶段,教师通过调查问卷、访谈等收集数据,不断完善教学设计方案。总结性评价在教学实施完成后进行,主要对学生的学习成效、能力、价值观等进行考察和评价,并据此调整教学设计,形成混合式教学设计的最佳实践。

结合以上步骤,在实际设计中应注意四点:

(1) 突出核心素养。一是从三个维度描述核心素养;二是明确学科核心能力要求;三是把核心素养融入课程标准。

(2) 突出学习经历。一是明确学科必需的学习经历;二是明确学习经历的具体内容与要求。

(3) 强调结构化。一是依据课程标准;二是强调同一学科课程标准内部各要素的一致性。

(4) 提高可操作性。一是优化模块主题结构;二是统一学习水平分类;三是精选实施案例;四是进行限制性描述。

3. 学习单元的设计策略

学习单元设计时可以参考以下策略:

(1) 确定单元学习主题的策略

确定单元学习主题时,教师不仅要依据课程标准,结合时事政治中的热点、重点问题,还要基于学生的认知起点和真实问题。教师要综合考虑核心知识、学生问题、社会现实三方面因素(见图4-3)。

图4-3 单元学习主题的确定依据

(2) 确定单元学习目标的策略

第一,结合课程标准、教材和学生认知起点,明确各单元的地位、作用及其联系(见图4-4)。第二,对照核心素养的培育目标,明确本单元侧重落实的核心素养。第三,分解课程标准,确定具体目标(见表4-5)。确定具体目标时,可以采用要素分析法。如果课程标准中的某条内容标准具备学习目标的基本要素(行为主体、行为表现、行为条件、表现程度),则可以结合具体学情、教学情境、质量标准等进一步扩展或剖析;如果不具备,则需要结合具体情境确定。具体可以分解为:第一步,仔细研读课程标准,判断其陈述方式和表述结构,找出关键词,圈出反复出现的名词(核心概念)和动词(认知水平),确定核心任务。第二步,分析行为表现。第三步,确定行为条件。第四步,确定行为表现程度。第五步,写出学习目标。

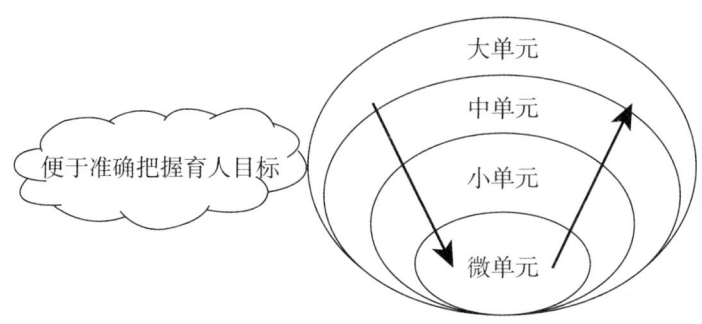

图 4-4 单元学习目标的层次

表 4-5 核心素养与内容标准匹配表

描述矩阵	评判矩阵			
学习模块/主题	内容标准	明确内容标准指向的素养	与下述学科核心素养是否匹配；A.学科核心素养1；B.学科核心素养2；C.……	备注
学习模块/主题1	内容标准1 内容标准2 …… 内容标准n	解读内容标准，概括、提取、抽象出若干条内容标准指向的素养	对照已确定的学科核心素养，判断前述素养是否与之匹配	如果概括出的素养与已有的学科核心素养不匹配，则留待后议
学习模块/主题2	……	……	……	……
……	……	……	……	……

（3）设计单元学习活动的策略

学习活动的设计要明确指向学习目标，学习活动是学习目标展开和达成的过程。教师在设计具体学习活动时，应标明本活动指向哪一条学习目标，明确活动的意义和指向。

在设计过程中，教师要根据自己对课程和目标的理解设定学习目标，思考通过哪些途径和手段检验目标的达成程度。第一，依据学习主题与学习目标，初步确定学习活动实施方案。第二，结合学生的学习经验与生活实际，分析学习活动方案实施的可能性。第三，关注活动的挑战性，关注学生对学科知识的综合运用能力，激发学生的兴趣。

具体设计过程中，教师要有整体意识，关注单元、主题、问题、活动的关系（见图4-5），使教学设计具有整体性、连续性和层次性。在学习活动设计时，教师要考虑学习梯度，着眼学生的最近发展区，使不同学生能够通过一定努力达成相应目标。教师可以通过设置课前学习任务来铺设阶梯，通过课中学习的整体框架设计来凸显进阶，通过具体知识点的教学设计和实施来体现进阶。学习活动的三阶段见表4-6。

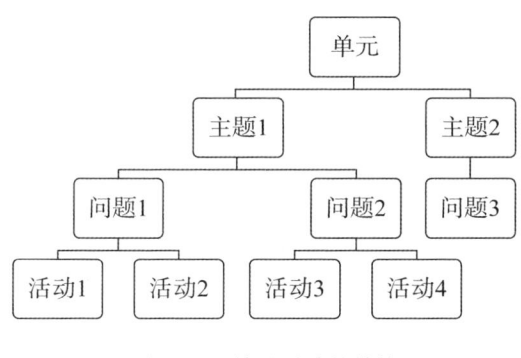

图4-5 单元活动的结构

表4-6 学习活动的三阶段

设计过程	实施策略
课前： （强调目标理解与过程设计） 1. 基于课程标准理解教材及评估方式 2. 把握学生的认知起点 3. 建构认知地图	1. 搜集/制作教学视频，确定课前问题 2. 引导学生观看视频，阅读教材与相关资料，搜集相关信息 3. 引导学生完成导学问题，借助社交媒体交流
课中： （基于情感与理解设计活动） 1. 基于经验，情感先行 2. 注重理解，建构认知 3. 任务驱动，小组合作	1. 引导学生回忆知识并提出问题，确定与澄清研究问题 2. 根据课前问题开展教学，引导学生开展小组合作学习，判断与筛选相关信息，协作探究解决问题

(续表)

设计过程	实施策略
课后： （强调问题解决与综合评价） 1. 解决问题，练习巩固 2. 布置任务，分层评价	1. 根据课堂问答情况，判断学生认知水平与教学目标的差异，及时调整 2. 通过课后作业引导学生深入研究问题，依据分层评价标准判断学生的认知水平，进行个性化指导

（4）设计持续性评价方案的策略

基于目标的评价能够反映出经过学习后学生的能力与课程标准要求的匹配程度。基于认知起点的持续性评价的核心在于目标、教学、评价的一致性。此外，教师应根据课堂上学生认知水平的变化，设计一种与之相适应的测评量表，并采取相应的调整措施。

深度学习视域下的学习评价是一种基于证据的推理过程。学习表现、任务完成的质量构成证据。形式可以是评分标准、表现性标准。评价目标应与学生学习目标及学习重难点对应，教师可以通过评价来诊断教学目标的达成度。评价角度应多元，评价方式应开放。

综上所述，深度学习是教师引导下学生自主建构的学习过程。在设计学习单元时，无论采取何种策略都要围绕以下三点：

一是关注学生的认知起点。教学活动应建立在学生认知发展水平和已有知识经验基础上，教师应基于学生的认知起点开展教学，如果没有考虑学生已知、已确信的东西，教学就有可能变成一种概念灌输。在进行教学设计时，教师必须考虑学生的先前概念与知识基础，了解学生在不同领域的学习情况，通过支架式教学帮助学生系统提升能力，掌握新的概念。

二是围绕核心概念和逻辑组织知识。教师如何组织观点和学习经验、学生如何深入理解知识是两个不同的问题。学生需要知道新的观点是如何与那些已知的观点关联起来的。教师应组织学习材料，通过类比、案例分析等方式引导学生建构知识逻辑，并利用迁移到新情境的多种方法来设计教学，帮助学生理解观点之间的联系。这种训练有助于培养学生解决复杂问题的能力。

三是关注元认知技能的发展。元认知技能是指个体对认知活动进行调节的能力,包括计划、监控和调整的能力。高效的学习要求学生明确学习目标,监控目标实现过程,调整自己的学习。通过建模与辅导,教师可以教学生如何选择最好的学习策略,提升学生预测结果的能力,丰富学生的背景知识,鼓励学生用反思的观点去评价自己的作业。

第三节　指向学科核心素养培育的单元作业设计

单元既是承载主题意义的基本单位,也是提高思政课教学有效性的落脚点。单元教学设计是课程标准与教学实践的桥梁。教师认真分析单元教学内容,根据学生的实际水平和学习需求,梳理并概括与主题相关的基础知识、学科基本方法、学科基本技能和学习策略,确定教学重点,统筹安排教学,在教学活动中拓展主题意义,并以此为基础进行作业任务的设计和实施,引导学生内化、发展已学内容。

作业主要是指学校教师依据一定的教学目标布置给学生并要求学生利用课余时间完成的学习任务。作业和教学、评价有着千丝万缕的联系,课后作业和课堂教学共同促进学生的发展。作业如果出现问题,不仅会影响教师的教学效果,还会影响学生的学习兴趣。作业的有效设计和实施,从某种角度直接影响教学目标的达成,甚至影响教育目的的实现与学生的全面发展。对哲学学习来说,作业也是学哲学、用哲学的生动体现。唯物辩证法的教学始终是高中哲学教学的重点和难点,其中,矛盾相关内容又是重中之重和难中之难,这是由矛盾相关内容在马克思主义哲学中的重要位置和其内容的抽象性、思辨性等特点决定的。在教学实践中,教师应坚持以单元的方式进行唯物辩证法的教学。

以高中思想政治必修 4《哲学与文化》矛盾单元作业设计为例进行说明。

一、单元整体规划及目标的确定

表 4-7　单元课时安排

课时	教学内容	作业任务
第一课时	《矛盾论》导读	1. 阅读《矛盾论》，复习联系与发展的相关内容 2. 用图示法画出《矛盾论》的结构图
第二课时	事物发展的源泉和动力 事物发展是内外因共同作用的结果 矛盾问题的精髓 用对立统一的观点看问题	在复杂情境中用矛盾分析法分析社会现象
第三课时	唯物辩证法复习巩固	运用唯物辩证法原理设计社会实践调查方案并付诸实践

从表 4-7 可以看出，本单元的教和学有一条主线，即《矛盾论》。这样安排主要基于以下几点：(1)唯物辩证法相关原理是按照《矛盾论》的结构编写的，教师可以把《矛盾论》作为本单元教学的重要抓手和主线；(2)哲学学习一定伴随着经典文献的阅读，《矛盾论》语言平实、结构完整、容易理解，通过阅读，学生能够体会中国共产党的奋斗历程。

在课堂教学中完成《矛盾论》导读后，教师布置了两项作业。第一项作业是让学生找出文章中体现联系和发展观点的内容。第二项作业是让学生用图示法画出文章的结构图，梳理唯物辩证法的知识结构。如果学生能够比较完整地画出唯物辩证法的知识结构图，就说明学生基本达成了知识目标。与在阅读教材的基础上画知识结构图相比，阅读文献画知识结构图对学生综合学习能力的要求更高，因为后者要求学生在具有挑战性的复杂情境中梳理逻辑，构建知识结构。学生有了一定的知识基础后，教师的教学就更容易聚焦课程标准的要求，即"关注思想政治学科核心素养的培育，着眼于学生的真实生活和长远发展，使理论观点与生活经验有机结合，让学生在社会实践活动的历练中、在自主辨析的思考中感悟真理的力量，自觉践行社会主义核心价值观"。

本单元后续的作业和测试卷设计都指向学科核心素养培育。教师通过创设不同复杂程度的情境，以思维活动和社会实践活动的形式引导学生学习。

二、单元作业设计特点

（一）通过创设不同复杂程度的情境，重构思政课作业

本单元的作业中涉及大量的文献材料阅读，学生要在阅读文献材料的基础上完成学科任务。

真实性是思政课教学的特质之一。这既指思政课的教学内容是真实的，又指思政课的客体——社会生活是真实的，更指学习思政课的学生是真实的。真实的世界是复杂的，由多因素整合而成，不能简单抽象成一一对应的因果关系，同时，生活本身是丰富多彩的，为了提高教学实效，教师不能把生活原原本本地照搬到课堂，而是要根据教学任务和目标，对真实生活情境进行加工，使之结构化。所谓"情境结构化"，是指对真实的生活情境进行建模。①

基于以上考虑，本单元所创设的情境力求富有思想张力，且在情境中蕴含有价值的问题。借助情境，学生可以更好、更快地掌握分析和解决问题的核心能力，奠定发展的基础。这些情境还应具有趣味性与可延展性。情境趣味性强能够激发学生学习的动力，使其顺着横向和纵向的线索一步步走进情境，并沉浸到情境世界思考、发现、探寻。由于情境的构建是结构化的过程，不同学习能力的学生可以在既有情境的基础上不断拓展、充实结构，实现可持续发展。②

核心素养应该是一种应对现实生活挑战的能力，学校教育要发展学生的这种能力，就应该依托现实生活情境，让学生在与情境的持续互动中理解学科知识，掌握学科技能，运用这些知识和技能去分析、解决生活实践中的问题。

（二）整体性设计跨课时作业，坚持价值性与知识性相统一

教师在不同课时设计了不同类型的作业。唯物辩证法的教学是一个整体，原本应该将联系与发展、矛盾放在一个单元进行教学，但受课时限制，原本整体的内容必然会出现相对割裂的情况，教师最终决定以整体化、结构化的思

---

① 陈友芳.情境设计能力与学科核心素养的养成[J].思想政治课教学，2016(9).
② 同上。

路实施教学。第一课时完成《矛盾论》导读后,学生要完成一份结构化的作业;第二课时矛盾原理所有内容学习结束后,学生要完成一份基于矛盾原理的整体化、结构化作业;第三课时完成唯物辩证法内容复习后,学生要设计一份社会实践活动方案并实施。素养导向型的单元作业设计本身就是思政课坚持价值性与知识性相统一的重要体现。教师要充分运用作业,发挥思政课作为德育课程的价值功能。

(三)注重社会实践活动方法论的学习,坚持理论性与实践性相统一

本单元最后的作业是设计一份社会实践活动方案并实施。思政课的功能之一就是要解决实际问题,社会实践活动是实现此功能的重要载体。学习唯物辩证法有助于学生把马克思主义科学的世界观和方法论内化为自己的世界观和方法论,社会实践活动恰恰是检验学生内化程度的重要途径。

社会实践活动的有效开展,离不开科学研究方法。学生在实践前要用科学研究方法对实践进行规划。规划既是创造,也是对已经学习内容的复习、巩固。当然,所有的认识都是需要实践检验的,最后的践行就是对规划的检验和再认识。这体现了思政课理论性与实践性的统一。

三、基于实践的反思

(一)在学习方式上的转变

本单元的教学设计、作业设计力求改变以往思政课上"重识记和理解,轻思辨和综合运用"的现象,舍弃了填空、选择等客观题训练,代之以建立在充分阅读基础上的主观题训练,增加了思维含量。从实践结果看,效果还是不错的。以画结构图为例,以下是部分学生的反馈:

最开始看到作业时,我以为这是个苦差,但当我真正尝试去剖析其中的逻辑并绘制思维导图时,我意识到这个哲学理论体系本身是很有价值的。《矛盾论》中的哲学思想放到现在也是适用的。

这是一种很棒的了解分析哲学体系的方法,很适合课前预习,如果课上大家能够交流意见就更好了。我希望大家用这种方式分析过多种哲学体系后,找出对立或者相似的几种进行对比分析和讨论。

——高二(6)班 Z同学

我之前从未接触过《矛盾论》这类专业哲学著作，所以接到任务时，觉得很艰巨。之后，我抱着尝试的态度翻开了《矛盾论》，没想到竟一口气读完。作者能把一个哲学理论解释得如此浅显易懂，逻辑清晰，实属不易。文章利用唯物辩证法，把各种事物之间的关系和矛盾分析得很透彻，很注重细节，结构也很严谨，所以画结构图时，我的思路很清晰。画结构图是个很好的学习方法，它能让你透彻理解知识，增强你的逻辑思维能力。

——高二(1)班　M同学

最开始接到这个任务，我其实是比较抗拒的。查了相关资料，再读《矛盾论》，我才发现，它讲述的不是政治上的风云变幻，而是哲学上的各种矛盾及矛盾各要素之间的辩证关系。文章的条理十分清晰，语言简洁明了，举例也简单易懂。

——高二(6)班　L同学

思政课课程价值的实现不是一蹴而就的，而是要借助教师每一次的坚持、每一次的改变、每一次有效的教学过程和师生每一次真挚的互动。

（二）基于不同层级学生的作业设计

本单元作业设计在3所不同类型的学校中实践。从实践结果看，学生的差异主要体现在基础学习能力上，包括阅读能力和跨学科整合能力。在给予充分阅读时间和教师辅导的基础上，不同层级学生在作业完成度方面的差异远远小于学校本身的差异。

针对这样的情况，我们认为：(1)基础阅读能力的提高虽然不是本学科的主要任务，但从育人的角度看，思政学科应组织学生进行一定的连续文本与非连续文本的阅读训练；(2)教师可以通过创设结构化的情境实现循序渐进的教学，在此基础上培育学生的学科核心素养，提升学生的学科关键能力。

（三）关于学科学习时间的思考

关于思政课学习时间的探讨从未停止，无论是高考改革前还是高考改革后。在有限的时间内，思政课教师更应该关注如何提高学生学科学习品质、提升学生单位时间内的学习收获。很多学生喜欢有挑战性、有思维含量的任务，因此，我们认为，教师应该布置跨课时整合性作业。要促进教和学方式的改变，还需要改变评价方式，使评价指向学生的学科思维水平和学科学习能力。

当然，所有的改变都需要时间，我们相信，在新课标的指导下，指向学科核心素养培育的单元作业设计会助力学生的发展。

附：

第一课时作业设计：

(1) 阅读《矛盾论》，请在文章中找出体现联系和发展观点的内容。

(2) 请用图示法画出《矛盾论》一文的结构图。

（上海市复兴高级中学汪玥老师参与设计）

第二课时作业设计：

阅读表4-8并回答问题：

表4-8 第二课时阅读材料

中国共产党全国代表大会届次	对建设小康社会的阐述	对社会主要矛盾的阐述
中国共产党第十六次全国代表大会	这次大会确立的全面建设小康社会的目标，是中国特色社会主义经济、政治、文化全面发展的目标，是与加快推进现代化相统一的目标，符合我国国情和现代化建设的实际，符合人民的愿望，意义十分重大。	人民日益增长的物质文化需要同落后的社会生产之间的矛盾。
中国共产党第十七次全国代表大会	我们必须适应国内外形势的新变化，顺应各族人民过上更好生活的新期待，把握经济社会发展趋势和规律，坚持中国特色社会主义经济建设、政治建设、文化建设、社会建设的基本目标和基本政策构成的基本纲领，在十六大确立的全面建设小康社会目标的基础上对我国发展提出新的更高要求。	人民日益增长的物质文化需要同落后的社会生产之间的矛盾。
中国共产党第十八次全国代表大会	综观国际国内大势，我国发展仍处于可以大有作为的重要战略机遇期。全面建成小康社会，要构建系统完备、科学规范、运行有效的制度体系，使各方面制度更加成熟、更加定型。要加快完善社会主义市场经济体制，加快推进社会主义民主政治制度化、规范化、程序化，加快完善文化管理体制和文化生产经营机制，加快形成科学有效的社会管理体制，加快建立生态文明制度。	人民日益增长的物质文化需要同落后的社会生产之间的矛盾。

（续表）

中国共产党全国代表大会届次	对建设小康社会的阐述	对社会主要矛盾的阐述
中国共产党第十九次全国代表大会	要按照十六大、十七大、十八大提出的全面建成小康社会各项要求，紧扣我国社会主要矛盾变化，统筹推进经济建设、政治建设、文化建设、社会建设、生态文明建设，坚定实施科教兴国战略、人才强国战略、创新驱动发展战略、乡村振兴战略、区域协调发展战略、可持续发展战略、军民融合发展战略，抓重点、补短板、强弱项，特别是要坚决打好防范化解重大风险、精准脱贫、污染防治的攻坚战，使全面建成小康社会得到人民认可、经得起历史检验。	人民日益增长的美好生活需要和不平衡、不充分的发展之间的矛盾。

（1）中共十六大以来对小康社会的要求在哪些方面有所改变，在哪些方面没有改变？变和不变的唯物辩证法依据是什么？请分别说明。

（2）请用唯物辩证法的相关知识说明全面建设小康社会各项要求的哲学依据。

（上海外国语大学附属外国语学校董玉梅老师参与设计）

第三课时作业设计：

上海市已把"本市逐步推行生活垃圾定时定点分类投放制度"作为法规写进《上海市生活垃圾管理条例》。定时定点旨在引导居民养成垃圾分类的行为习惯，有助于从源头实现垃圾减量化。从管理的角度来说，定时定点本质上是对垃圾进行集中管理，便于收集和清运。定时定点的意义重大，但难度也很大，关键在于如何处理人与垃圾桶、人与时间的关系。

你所居住的小区是如何实行垃圾定时定点分类投放的呢？在此过程中，居民的感受如何？是否出现了不便甚至困境呢？请设计一份调查方案（可参考表4-9），并通过实地走访的方式了解你所居住小区垃圾定时定点分类投放情况，运用所学矛盾相关知识分析可能存在的问题，提供优化方案或者解决思路。

表4-9 关于_____小区垃圾定时定点分类投放情况的调查方案

调查成员			调查地点	
该小区定时情况简述				
该小区定点情况简述				
在垃圾定时定点分类投放过程中可能出现的矛盾	观察方案	观察时间：		
		观察地点：		
		观察内容：		
	访谈方案	访谈对象①： 访谈大纲：		访谈对象②： 访谈大纲：
拟了解的主要矛盾				
简述解决该主要矛盾的思路或优化现有方案				

（上海市北虹高级中学尹珺老师参与设计）

第五章 修为：实现面向未来、超越自我的专业化发展

本章将从教师专业化发展角度讨论以下问题：
1. 新时代思政课教师面临哪些挑战？
2. 思政课教师如何在教学实践中不断思考？

第一节　新时代学科教师素养的挑战

思政课教师要在学生心里埋下真、善、美的种子。第一，政治要强，让有信仰的人讲信仰，善于从政治上看问题，在大是大非面前保持政治清醒。第二，情怀要深，保持家国情怀，心里装着国家和民族，在党和人民的伟大实践中关注时代、关注社会、汲取养分、丰富思想。第三，思维要新，学会辩证唯物主义和历史唯物主义，创新课堂教学，给学生深刻的学习体验，引导学生树立正确的理想信念、掌握正确的思维方法。第四，视野要广，有知识视野、国际视野、历史视野，通过生动、深入、具体的纵横比较，把一些道理讲明白、讲清楚。第五，自律要严，做到课上课下一致、线上线下一致，自觉弘扬主旋律，积极传递正能量。第六，人格要正，要有堂堂正正的人格，用高尚的人格感染学生、赢得学生，用真理的力量感召学生，以深厚的理论功底赢得学生，自觉做为学为人的表率，做让学生喜爱的人。

今天，"六要"已经成为思政课教师的努力目标。教师专业素养是教师质量的集中表现，也是促进有效教学的重要保证。[①]　教师专业素养是教师专业发展领域的重要话题，自教师专业化发展提出开始，就不断有学者探究教师专业素养的内涵。教师专业素养作为教育系统的一个重要组成部分，其基本内涵也会随着教育理念的发展而更新、重构。

一、深度解读国家课程理念和课程标准的能力

课程把教师的教与学生的学结合在一起，教师需要具备一定的课程能力。课程能力应该包括课程理解能力、课程执行能力、课程省思能力。[②]

国家课程理念体现了整个课程的核心思想取向，课程标准规定了课程的要求，在教育教学活动中具有导向作用。在新课改的背景下，教师应认真研读课程

[①] 叶澜.新世纪教师专业素养初探[J].教育研究与实验，1998(1).
[②] 张烨.课程能力：一种构建教师"教育眼光"的专业整合能力[J].当代教育科学，2009(13).

标准,明确课程标准中的三维目标、课程理念、教学原则等,把握新课改的方向。教师只有深入解读课程标准,才能提高自己的学科知识构建能力和教育效果。

二、整体架构学科内容的能力

(1) 教师必须具备甄别与筛选课程资源的能力。课程资源筛选是指教师根据教学需要,按照一定标准从收集到的课程资源中选择最为恰当的部分加以有效利用,从而提高课堂教学质量。教师进行课程资源筛选,有利于提升课程资源品质和课堂教学效率。在进行课程资源筛选时,教师要着眼实用性,选取有效资源;着眼针对性,选取适切资源;着眼代表性,选取典型资源;着眼创新性,选取新颖资源。①

(2) 教师必须具备分析与把握教材结构的能力。教师只有通读教材才能真正领悟教材编写者的意图,才能有全盘考虑的意识,从而对学生的学习进行有效的指导。这具体表现为教师要明确教材的脉络结构,弄清教材的模块目标要求;了解模块教学内容要求,明确教学的重点和难点;领会教材的编写思路,正确把握教材的内在联系。在研读教材时,教师有必要对全套教材形成较为清晰的认识,理清不同年级教材、不同单元内容的层次性,进而促进学生形成完善的学科知识结构。

(3) 教师必须具备开发与创造教材知识的能力。教材是学科知识的载体,是教学过程中物化的信息资源。教材的基础知识具有可再生性和成长性特征,教师不应简单复制教材知识,而应先对教材知识进行开发与创造。从这个意义上说,教师应真正成为教材知识的驾驭者。②

(4) 教师必须具备结合学生认知特点,从认识规律角度解读教材文本的能力。建构主义认为,学习是认知结构的不断组织和重建。教师要引导学生找出概念、原理、章节间的内在联系,让学生在生活情境中理解知识结构。教师

---

① 周晓燕,董国平.从开发到筛选:对教师与课程资源关系再认识[J].中国教育学刊,2010(11).
② 谢利民.论有效课堂教学的教师素质[J].课程・教材・教法,2009(5).

只有从学生的认知特点出发解读教材文本,才有可能找准学生的认知死角。①

三、进行学科单元设计的能力

按照结构主义教学观,学科单元设计要有利于学生掌握学科的基本结构,有利于学生整合与建构认知结构。不同的学科有不同的结构,但其设计整合的诸多理念是共通的。有研究者提出了三个层次的单元设计模式:(1)在进行学科单元设计时要理清整体的学科教学内容,教师应清楚全套教材及其所涉及的内容,理解教材整体的结构序列、编写者的意图和课程标准的要求,进而引导学生把握全套教材的结构。(2)在单元教学设计中要理清一个单元的教学内容,明确该单元的教学目标、教学内容和教学要求。教师要认真研究教学内容的横向序列和纵向序列,思考怎样统整、安排怎样的教学结构更有利于学生学习。(3)在进行单独一部分知识的教学设计时要理清教学内容的结构线索。教师教学时应尽可能贴近知识点本身的结构,思考怎样重组知识内容更有利于学生学习相关知识内容和生成认知结构。②

学科单元设计时,教师不仅要把握一个单元内学科内容的特点,精心编排教的内容,还要关注学生的学,着眼学生实际,根据学生的特点来灵活设计学科单元,努力为学生的发展创造有利条件。

四、把握和整理教学资源的能力

很多教师在备课过程中都希望找到能贯穿全课的经典材料,实在难以找到一以贯之的材料时才会寻找其他材料。一以贯之的材料更容易在上课时形成看似顺畅的逻辑,也更容易改变为了佐证或者说明若干知识点相应找若干份材料这种割裂知识内部联系将知识分化成孤立的点的状况。但这种用单维、同质性材料来说明观点的做法有其弊端,如证实和证伪功能不强。教师在把握和整理

---

① 张纯辉.教材文本解读——有效课堂的着力点[J].思想政治课教学,2010(4).
② 龚孟伟.布鲁纳学科结构理论述评及对语文课程和教学设计之启示[J].宁波大学学报(教育科学版),2013,35(3).

教学资源时应注意几点：

（1）选用立体的、多维的、不同质的教学资源。社会现象纷繁复杂，单维的事例很难迁移到实际生活中。如果学生在课堂上看到的一直是单维的材料，又怎么能掌握科学的思维方法和学习方法呢？

（2）考虑教学内容之间的逻辑适切性。有时，一则材料并不足以说明教学内容，如很难用文字的变迁来充分说明文化创新的途径。教师选用的材料必须是立体的，能够从多个角度进行分析。这是社会学科基本的学习方法，也是思政课教师应该教给学生的思维方法。

（3）重新界定教学资源的内涵和外延。从广泛性来说，学生的生成是非常重要的教学资源，教师应当充分利用。教师对教学资源的选用体现其教学观和学生观。

在表 5-1 中，教师通过国家在不同时期对效率和公平关系的表述来说明生产关系要符合生产力的发展要求，说明效率和公平之间是动态平衡的关系。

表 5-1　十一届三中全会以来效率和公平关系相关表述

会议	时间	主要政策
十一届三中全会	1978 年	认真执行按劳分配原则，克服平均主义
十五大	1997 年	效率优先，兼顾公平
十七大	2007 年	初次分配和再分配都要处理好效率和公平的关系，再分配更加注重公平
十八大	2012 年	初次分配和再分配都要兼顾效率和公平，再分配更加注重公平
十九大	2017	1. 坚持在经济增长的同时实现居民收入同步增长，在劳动生产率提高的同时实现劳动报酬同步提高 2. 拓宽居民劳动收入和财产性收入渠道 3. 履行好政府再分配调节职能，加快推进基本公共服务均等化，缩小收入分配差距

思政课是社会学科,社会学科研究的对象有其社会历史性,教学资源应该把这种社会历史性体现出来。教师在整合资源的过程中应引导学生掌握横向和纵向比较的方法。

思政课教师应该思考这样一些问题:我能收集到的材料有哪些?这些材料经过验证了吗?从这些材料里我能归纳出什么?有没有相反的证据?能否呈现相反的证据?只有经过这种证实和证伪的过程,教师教授的知识才具有生命力,才经得起检验。

第二节　学科教师专业化发展案例

教师专业化发展的本质就是教师发生正向的变化。我们认为,教师变化的形态有两种,即学习与自我否定。这两种变化不是自然而然发生的,会受到教师内驱力和学习共同体外部推力的影响。教师专业化发展能提升教师的实践智慧。

本节介绍第四期上海市普教系统名校长名师培养工程"张尚达种子团队"中几位教师的成长故事,并在此基础上剖析思政课教师专业发展路径。

在新课程、新教材要求下,思政课教师通过具体的教学实践来实现课程目标。有效设置议题是思政课教学的重要方面。借助Y老师的专业化发展案例,我们尝试把有效设置议题的思维路径呈现出来。

一、Y老师的专业化发展案例

以下是笔者与Y老师备课、磨课的过程,其中也包含了青年教师在教学研究中的思考。

在"习近平新时代中国特色社会主义思想"一课的备课过程中,团队成员主要聚焦这节课要让学生议什么、为什么要议、学生怎么议、为什么会讨论不起来、通过这节课学生到底想学到什么、学生能学到什么等问题。这些问题出现在每一次的团队研讨会上,是成员最耗费精力去解决的问题,集中反映了成员在统编教材教学中遇到的共性问题。立足教材,教师到底该如何设置议题?怎样的议题才是适切的呢?

以下是 Y 老师回忆的备课过程:

2019 年 11 月 11 日,虹口区教学评比组委会发布了比赛课题"习近平新时代中国特色社会主义思想"。12 日下午我完成了说课环节的评比,顺利进入决赛。张老师立刻开始帮我进一步打磨教案。

正当我准备把自己在备课时遇到的困难抛出来时,张老师问:"你从其他参赛者的教学设计中学到了什么?"我回忆了一些精彩的设计与环节。张老师继续问:"你现在的设计最大的问题在哪里?"我认真思考后回答:"最大的问题可能是议题离学生的生活太远。我把'为什么习近平新时代中国特色社会主义思想是党和国家必须长期坚持的指导思想'作为中心议题,同时设置了'这一思想是怎样形成的''这一思想的核心内容是什么''为什么说这一思想是 21 世纪的马克思主义'三个分议题。但在实际教学中,这三个分议题的讨论都是从文本出发,由理论到理论,学生不容易讨论……"

张老师又问:"你认为这节课最重要的教学目标是什么?"我答:"这节课最重要的教学目标应该是让学生思考'面对复杂变化的世界,人类(国家、民族)向何处去,前途在哪里',从而产生情感认同。"张老师接着说:"是的,学生学了这一课,不能仅仅停留在'是什么'上,而是应该明白党的指导思想与自己到底有什么关系。这节课成功的关键就是建立起两者之间的关联。"

如何设置议题才能将两者的关联建立起来呢?张老师提示我:"你觉得可以从哪里找到答案?"我顿悟,我之所以想不出学生与党的指导思想之间的关联,是因为我不了解学生的困惑和认知冲突。我突然想起张老师在上海市大中小学一体化教学展示活动中上的一节课,无论是设置的议题、创设的情境,还是提出的问题,都建立在学情调查基础上,都基于学生已有的认知。"是课前调查,是学情分析。"我顺着梳理下去。

张老师启发我:"你先把问卷设计好,再去构思问题,所有问题串起来就是这节课要探讨的议题。有了学生的回答,我们才能让议题落地。"

我们确定了如下课前任务:(1)结合时事,列举你最关心的问题,并简单说明理由。(2)针对上述问题,党和国家采取了哪些措施?(3)请根据教材内容画结构图。

基于学生的回答,我们设置了如下议题:(1)新时代下为何要坚持中国特色社会主义?(2)在实现中华民族伟大复兴的道路上,如何看待外部世界对我们的评价?(3)为了实现全面小康,我们应该做些什么?

最终,我们确定了中心议题:为什么习近平新时代中国特色社会主义思想是党和国家必须长期坚持的指导思想?

议题的确立使这节课有了骨架,我又结合学生的生活经验创设了情境,最后,这节课获得了区教学评比一等奖。

在新一轮课程改革中,高中思政课教材从结构设置到内容编排都有较大变化。这会给高中思政课教学带来什么影响?教师该如何正确使用教材,使其发挥最大作用?

(一) 立足史实,明确议题指向性

以"社会主义从空想到科学、从理论到实践的发展"一课为例,从学科知识指向性来看,教材内容安排旨在通过本课学习,使学生正确认识人类社会发展的一般规律,知道规律的主要内容,能够运用规律分析社会现象,从而形成学科核心素养。

本课所涉及的历史资料很多,有些内容学生已在历史课中学过,有些内容则是学生未知的。教师在内容处理上要注意以思政课的思维与视角运用这些资料,坚持"生产力决定生产关系,经济基础决定上层建筑"这条主线,讲清楚社会进步发展的根本决定力量,避免把思政课上成历史课。因此,本课议题的设置应指向历史现象背后的原因与本质。

比较以下 3 个议题:(1)人类社会发展的总趋势是什么?(2)原始社会、奴隶社会、封建社会、资本主义社会是如何形成和发展的?(3)如何理解人类社会发展的一般进程?

不难看出，前两个议题是从社会发展史实角度设置议题，第三个议题是从社会发展的原因及本质角度设置议题。因此，第三个议题更符合学科指向性，比前两个议题更加适切。

（二）把握教学目标，突出议题价值引领性

同样以"社会主义从空想到科学、从理论到实践的发展"一课为例，本课的价值引领性体现在以习近平新时代中国特色社会主义思想为指导，对学生进行马克思主义基本原理教育，培养学生的唯物史观，帮助学生树立正确的马克思主义世界观，使学生在理解人类社会发展进程和趋势的基础上，进一步认同社会主义取代资本主义是历史必然。

因此，本课的议题设置要紧扣唯物史观，明确社会主义终将代替资本主义的历史趋势。比较议题"资本主义社会的基本矛盾是什么"和"如何看待资本主义社会的兴衰"，后者从事实评述上升为价值评述，更加具有价值引领性，更为适切。围绕后一个议题进行"议中学""学中议"，能够在很大程度上提升课堂的政治味道。学生要探讨这个议题，就要用统编教材的资料以及教师提供的材料去表达和思考。通过这个议题的学习，学生逐渐形成了唯物史观，具有了科学精神，能够尝试用马克思主义基本立场、观点和方法去观察事物、分析问题。

（三）抓住可议性，确保议题开放性

议题的可议性不仅体现在议题本身具有开放的、辨析式的学习路径，还体现在围绕议题展开的活动设计上，包括提示学生思考问题的情境等。教师在进行议题设置和活动设计时要立足学情，注重选取与学生生活经验密切相关的案例、材料等，创设合理的情境，引导学生结合已有知识和生活经验理解相关问题。

1. 议题表述的开放性

议题的开放性首先体现在议题本身应尽量避免结果性表达，不预设结果，留给学生充分思考和讨论的空间，使学生在讨论澄清中得出结论。以议题"如何看待资本主义社会的兴衰"为例，其设计意图在于引导学生了解资本主义社会发展历程，在兴与衰的现象认识和原因分析中识别资本主义社会的基本矛盾，最终得出资本主义必然被社会主义取代的判断。我们再来分析议题"为什么资本主义社会必将灭亡",该议题在指向性、价值引领性上都基本符合设置要求,但议题本身就预设了结果,学生的讨论被局限在必将灭亡的原因上,大大降低了可议性。可见,议题"如何看待资本主义社会的兴衰"更为适切。

2. 议题教学策略的开放性

议题的开放性还体现在议题教学策略上,立足学生实际生活和已有认知的教学情境的创设尤为关键。以"只有坚持和发展中国特色社会主义才能实现中华民族伟大复兴"一课为例,本课的中心议题可设为:为什么要一脉相承、与时俱进?每课时的议题可设为:(1)中国特色社会主义进入新时代意味着什么?(2)怎样才能实现中华民族伟大复兴的中国梦?(3)如何理解习近平新时代中国特色社会主义思想是马克思主义中国化的最新成果?

对应上述三个课时议题,教师设计了如下活动:(1)通过网络搜索或实地考察,了解最能代表新时代的人、事、物,写出你最关心的当前国内、国际社会发展中存在的问题,并简要说明理由;(2)通过网络搜索等方式了解国家勋章和国家荣誉称号获得者的事迹,选出你最敬佩的获得者并简述理由,开展"2035年,我和我的祖国"主题演讲;(3)课堂讨论《邓小平同志建设有中国特色社会主义理论学习纲要》《"三个代表"重要思想学习纲要》《科学发展观学习纲要》《习近平新时代中国特色社会主义思想学习纲要》四本书的读书摘要,谈一谈你对"中国特色社会主义思想既一脉相承又与时俱进"的理解。

在上述议题设置中,教师基本坚持了理论性和实践性的统一,从学生对真实世界的感知逐渐过渡到对理论的解读,通过多种教学方法和策略提升了议题的可议性。

(四) 议题设置的建议

在设置议题时,教师一定要熟读"综合探究"的结语部分,这是统编教材中重要的理论观点。教师要读懂教材特点:从事实性内容到综合探究理论观点。在讲"什么是中国特色社会主义"时,教师要围绕两个基本点:(1)它是科学社会主义意义上的社会主义,而"不是别的什么主义";(2)它是中国社会历史发展的必然选择,而"不是从天上掉下来的"。只有精准把握统编教材编写特点,教师在设置议题和进行议题式教学时才能做到心中有数,少走弯路。

二、X 老师的专业化发展案例

在思政课中,教师经常组织角色扮演类活动。在一节公开课后,笔者和 X 老师对角色扮演类活动进行了研讨。

2019 年 5 月 30 日,笔者开设了一节主题为"新时代青年的情怀与抱负"的公开课,其中有一个环节是模拟情境、角色扮演。笔者问学生:"如果请你带领企业团队,你会做些什么?"生 1 回答:"我会带领团队开发核心技术,真正做到独立自主。"生 2 回答:"我会带领团队站稳中国市场,然后去拓展海外市场,尤其是一些发展中国家的市场。"

笔者示意生 3 回答,生 3 缓缓站起来,低着头思考了一会儿后说:"我不知道应该要怎么办。"笔者微笑着接下了生 3 的话:"你说得很好!你不知道应该要怎么办,你觉得很难操作,这就对了。"生 3 惊讶地看着笔者,笔者接着说:"老师刚才让大家进行的角色扮演其实是纸上谈兵,真实世界很复杂,大家经验有限、视野有限,老师也没有提供给大家更多的背景信息与补充资料,所以大家觉得这样的问题很难回答、不知道从何入手才是真实的。"学生听得非常认真,笔者继续说道:"恰恰是因为觉得很难回答,我们每一个人才更应该提升素养,承担责任。"

课后,笔者与 X 老师进行了交流。笔者:"我一直很反对贸然模拟各种情境并进行角色扮演,你知道为什么吗?"X 老师:"是因为这些活动与学生的认知与能力水平有些脱节吗?"笔者:"是,而且不仅如此,如果情境设置与学生脱节、资料补充不到位、问题又没有针对性的话,学生就没有任何代入感和体验感,也没有任何抓手。没有代入感、体验感和抓手的模拟就是纸上谈兵,热闹之余,什么也没给学生留下。你可以想想自己之前的角色扮演教学中是否存在这样的问题。"X 老师点头。笔者接着问:"这节课中,我为什么要采用模拟情境呢?"X 老师:"我认为您并不是真的要让学生去解决企业的发展问题,而是有其他用意。"笔者追问:"我的'其他用意'是什么呢?"X老师:"为了让学生从事件中找到自己的身影,在自身使命与时代发展之间建立关联。"笔者点头:"你说得不错。推荐你读一读《变构模型——学习研究的新路径》《批判性思维工具》《教育目标的新分类学》三本书,它们可以帮助你明确模拟情境背后的理论基础。"

思政课的理论知识与实际生活密切关联,所以,教师在思政课上要基于学生年龄特点和认知发展规律,创设契合教学内容、关联真实生活的复杂情境,在此基础上,进一步开展角色扮演等活动。

(一) 角色扮演是为了达成特定教学目标

在思政课教学中实施角色扮演,是为了达成特定教学目标。角色扮演教学的开展有利于学生进行角色学习。角色学习包括角色领悟(认识角色的社会地位、权利、义务、形象等)和角色技能学习(习得角色必须具备的技能,形成一定的行为能力)。学生在模拟的情境中按照社会期待扮演特定的角色,了解各个角色所具有的权利、义务、技能和情感,通过角色比较认识到自己所扮演角色的责任,进而能够感悟到自身真实的责任,构建起自身与社会、时代的关系。

(二) 角色扮演教学有其适用范围

在思政学科的角色扮演中,学生的体验不仅包括身体和语言上的参与,还包括情感和心理层面的体验。学生既要对别的角色进行移情性理解,也要对自己的情感和行为进行反思。而且,每个学生由于原有知识经验、参与程度等不同,获得的体验也有所不同。角色扮演教学让学生在角色扮演活动中建构知识,形成能力或价值观,值得教师去尝试运用。

角色扮演教学有其适用范围。一些已有具体形象或生动描述的内容,无须设计角色扮演活动,那些带有很强说理性或学生觉得枯燥无味的抽象概念,则适合组织角色扮演活动。一些不存在不同主体冲突或对立的内容,无须设计角色扮演活动,而存在不同主体冲突或对立的内容,则可以进行角色扮演。一些敏感话题会使学生比较拘谨,无法撇开自己真实身份而进入一个虚拟身份,也不适合角色扮演。

(三) 角色扮演教学要做好充分准备

1. 创设合理的情境

有专家指出,教师应该考虑情境的生活化,实现"非日常生活的日常化"和"日常生活的非日常化"。前者指"教学活动必须高度关注学生的日常生活,直面学生日常生活中的现实问题",后者指"教学活动应对学生的日常生活世界进行批判性重构,积极参与、干预并超越学生的日常生活"。所以,情境的合理创设建立在教师充分、深刻了解学生的基础上。创设的情境应基于学生年龄特征,符合学生认知规律,契合教学内容特质,能够引领学生充分运用知识经验,调动多种感官参与,合理选择探究方法,进行深度思考。

2. 提前准备教学资料

有时,教师创设的情境学生不是很了解,而教师也没有进行充分的解释,就匆忙开始角色扮演。扮演者从一开始就没有很好地理解角色的地位、情感、行为等,结果当然不尽如人意。

教学资料对角色扮演教学来说是比较重要的。教师可事先补充背景知识,提供活动流程资料,以免学生在活动过程中忘记活动步骤;为学生提供关于角色的介绍性资料,便于其理解角色地位和情感等。

3. 适当讲解,适时引导

学生的对话回应往往是零散的,在每个对话主题结束后,教师应进行适当的讲解和提示,引导学生进入下一个主题。若教师完全放任,可能导致学生对话的混乱和无效。

学生切身体验和参与政治生活,能够获得参与政治生活必备的素质和能力,提高公民行动能力。这不仅是现代学校课程文化的重要组成部分,更是保障个人信仰、增进个人幸福的必要前提。所以,模拟情境、角色扮演在政治教学中的作用不言而喻。思政课教师要认真准备、精心设计、大胆尝试、及时总结、不断调整,组织好这样一种教学活动,使其真正发挥育人作用。

三、S老师的专业化发展案例

对于骨干教师来说,不断精进的第一步就是"倒空"。课堂教学,特别是中小学层次,也许是迄今人类发明的最为复杂、最具挑战性、要求最高、最敏感、最细微、最令人惧怕的活动。① 面对这样的活动,经验有时是财富,有时则是羁绊。教师个人没有开放的心态、学习的精神,固化在已有的认知框架内,那么以素养为导向的思政课教学就很难落实。教师站得高,学生才能站得高。

对教师来说,经验是宝贵的财富,主要体现在教学技巧、文本处理上,但有时,教师要颠覆自己的经验,才能获得专业成长。颠覆经验最好的方式是课堂教学,特别是有创新需要的课堂教学。思政课有常变常新的特点,下面我们来看看S老师如何颠覆自己的经验,用项目化学习推进思政课教学。

"凝心聚力,共圆中国梦"一课中,教材对中国梦的内涵及其实现路径进行了阐释,条理清晰,但学生学习时无法领会其中的逻辑关系,更无法理解如何实践,以及跟自己的关联在哪里。为了帮助学生解决这些问题,S老师进行了一系列的设计。

(一)第一稿——S老师忽略了什么

分析课题后,S老师多方搜集资料,选定了邓稼先的例子。S老师认为,邓稼先的事迹既能体现爱国主义和中国梦的主题,又比较容易让学生产生共鸣,得出结论。以下是S老师的第一稿教学设计。

教学环节:用邓稼先与警卫员的一段对话视频导入,并提出了三个问题:(1)1986年7月29日,邓稼先因罹患癌症在北京逝世,终年62岁。临终前,他提出了一个心愿,希望警卫员能给他说说建国50周年、建国100周年时国家的变化。如果这个心愿由你来达成,请你给他写一封信,你会写些什么?(2)如果这既是一封信,又是一份圆梦清单,你会在何时给他写第二封信?你会告诉他什

---

① [美]舒尔曼.实践智慧:论教学、学习与学会教学[M].王艳玲,王凯,毛齐明,等译.上海:华东师范大学出版社,2014.

么?(3)我国历史上,像邓稼先这样的人还有很多。现在的你,正是追梦的年纪,你能做些什么?你想做些什么?

看了S老师的教学设计后,笔者认为:(1)问题一并没有明确该视频与学生的连接点;(2)问题二角度新颖,但指向目标不太清晰;(3)问题三的高度、深度都不够,需要重新构建。三个问题,无论学生怎么回答,结论都是固定的,这不利于学生的学习。教师是教材和学生之间的桥梁,不能被教材束缚住手脚。教师首先需要了解学生的真实想法和认知起点,再讨论切入点,概括提炼,确定教学起点。

(二) 第二稿——S老师想要达成的目标是什么

为了探寻学生的认知起点,S老师进行了第二稿教学设计。

教学环节:通过课前问卷调查和随机访谈两个环节,了解学生对于中国梦的认识。根据调查和访谈结果,搜集社会热点问题,请学生分析这些社会热点问题与中国梦的关系。搜集到的资料包括:(1)中国双循环发展新格局正在形成;(2)武汉快递员汪勇登上联合国青年榜单;(3)对浪费粮食说"不"等。提出问题:(1)以上事例与中国梦有何关系?关联点在哪里?(2)实现中国梦需要哪些条件?相较以往,当下中国梦的实现更应关注什么?

以下节选一段S老师和笔者的对话:

笔者:你这一稿设计的目标是什么?时政热点与本课的教学目标有什么关系?

S老师:中国梦并非遥不可及,我们身边的变化都是中国梦的显性或隐性体现。这一稿注重理解。

笔者:理解具体指的是什么?理解中国梦,理解中国梦的实现过程,理解中国梦的实现主体,还是其他内容?

S老师:从这些事例中寻找规律和实现中国梦的条件。

笔者:寻找什么规律?八年级社会生活的内容,能否用于这节课的教学?

S老师:规律这部分没有完全遵从教材,之前说不要受教材束缚。中国梦则是从我们每个人的梦这个角度出发设计的。

笔者：所以，这个规律是什么？

S老师：中国梦是以人民为中心的，我想表达这个理念。从教材中学和从实践中学是两回事。我前面说的或许有漏洞，不严谨。

笔者：如果出现了这种情况，不正说明你之前的教学没有达成课程目标吗？

S老师：有这个可能，我没有深入了解八年级的知识。

笔者：看了第二稿教学设计，我觉得你的时间线不清晰。时政热点用好了是亮点，没用好可能会造成麻烦。

S老师：我还是梳理一下教材内容吧。如果脱离教材，我不好把握。

笔者：从现在的设计看，去年上这个课，今年上这个课，明年上这个课，都是一样的，因为归因是一样的。你一定要聚焦学生的认知冲突。建议先做问卷调查再讨论。

S老师：我先把自己能想到的问题列出来，再把对策想好。

笔者：从学生的回答中寻找认知冲突，时政热点是点，中国梦是系统，用点去对应系统不太合适。

S老师：我好像反过来了，总是想先弄清楚学生可能会想些什么。

笔者：我们的课要让学生树立起一种责任感，提升学生的学科核心素养。邓稼先的例子可以用，但一定要注意方法，让学生有收获。

教师设计的着眼点应是对学生思维发展有帮助的内容。教师应整合现有资源，通过完整的一套系统去设计和实施课程。

（三）第三稿——S老师发现了什么

两轮被否定后，S老师来到了学生中间，去发现他们的想法，寻找切入点。S老师拟定了导学单，进行了样本分析。导学单共涉及四个问题，有5个班级188名学生参与了回答。

问题1：提到中国梦，你能想到哪三个关键词？

表5-2是不同班级学生回答的关键词。

表5-2 不同班级学生回答的关键词

关键词 \ 频次 \ 班级	一班	二班	三班	四班	五班	总计
富强	18	25	17	13	26	99
小康社会	9	7	12	6	25	59
民主	5	10	5	7	4	31
改革开放	4	2	2	2	16	26
复兴	10	3	4	4	1	22
发展	1	4	8	4	2	19
科技	2	5	8	3	1	19
和谐	2	3	3	5	2	15
扶贫	1	6	4	2	2	15
文明	1	5	5	1	1	13

问题2：谈到中国梦，你2019年想到的关键词和2020年想到的关键词一样吗？哪些是一样的？哪些是不一样的？不一样的原因是什么？

表5-3是部分学生对问题2的回答。

表5-3 部分学生对问题2的回答

一样的关键词	不一样的关键词	不一样的原因
奔小康	创造	—
—	增加了逆行者	白衣天使等奔赴抗疫一线
提升综合国力	防疫	多了疫情防控
两个一百年	强军	强大的国防力量，维护国家利益
富裕	健康	疫情引发的思考
经济	团结	携手渡过难关
法治	文明	《中华人民共和国民法典》的实施带来法治的进步，但部分陋习依然存在
—	美丽	垃圾分类后，城市面貌得以改观
小康	脱贫	—

问题3:我们现在为什么要学"共圆中国梦"这项内容?

学生回答梳理如下:明确努力的方向;承担起责任。

问题4:关于中国梦,你还有什么疑问?

学生回答梳理如下:(1)中国梦对我们的实际意义是什么?(2)中国梦目前实现了多少?(3)中国梦实现后,社会上的不良现象会不会消失?(4)脱贫致富实现后,贫穷的标准是否会提高?(5)中国梦实现后的下一个目标是什么?(6)中国梦与其他国家的梦有什么异同?(7)有没有世界梦?

教师设计这四个问题的意图:(1)通过问题一,了解初中生如何看待国家发展目标;(2)通过问题二,引导学生深入理解中国梦;(3)通过问题三,引导学生建立起国家发展和个体发展的关系,追寻中国梦;(4)通过问题四,引导学生不断思考,深化认识。

(四) 第四稿到第七稿——聚焦项目式学习

笔者为 S 老师推荐了项目式学习方法,引导 S 老师聚焦四个问题。

问题1:什么是项目式学习?

项目式学习是指在一段时间内,学生对与学科或跨学科有关的驱动性问题进行深入持续的探究,调动知识、能力等创造性地解决问题,形成公开成果,对核心知识和学习历程产生深刻理解,并能够在新情境中进行迁移。

问题2:为什么是陈天华的视角?

师生讨论交流后,确定了项目式学习的课题。假设一个场景:陈天华来到2020 年的中国,我们要在 15 分钟内用图示法为他介绍中国的发展情况。

为什么是陈天华的视角?师生达成共识:陈天华无比关心国家发展,渴望国家能够走向富强。这正是一代又一代中国人苦苦追寻的民族复兴的梦想,伟大的中国梦。探究过程中,学生全面了解了陈天华的生平,用图示法展现那些影响中国发展进程的重大事件,从历史的视角来阐释过去和现在。

问题3:如何用驱动性问题引发学生思考?

驱动性问题是指围绕项目主题设计的、符合科学课程标准的、具有实际意义的问题,能够引发学生自主探究,推动学生解决问题。一个好的驱动性问题能促使学生积极寻找问题解决方案、记录和理解数据、收集证据和辩论观点、构建和共享学习成果,实现深度学习。

如教师在第四稿讨论环节中提出了以下驱动性问题:(1)从发展历程上看,我们现在的奋斗目标与陈天华所处时代的发展目标有何异同?(2)回顾这段发展历程,对当下中国影响最大的是哪个时期?为什么?(3)实现中国梦需要哪些条件?相较以往,当下中国梦的实现更应关注什么?教师在第七稿讨论环节中提出了以下驱动性问题:(1)回顾百年历程,你认为有哪些重要的历史转折点?(2)你对于中国梦的认识在2019年和2020年有什么不同?(3)请对照教材,结合时政热点,说说在中国梦实现道路上哪些内容变了、哪些内容没有变。根据这些驱动性问题,学生绘制了历程图(见图5-1)。

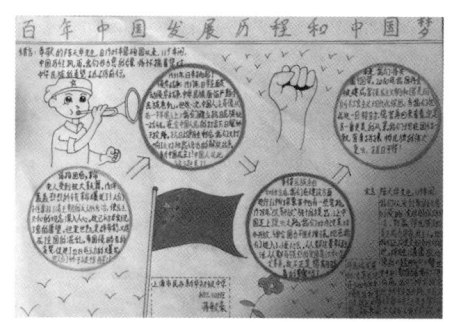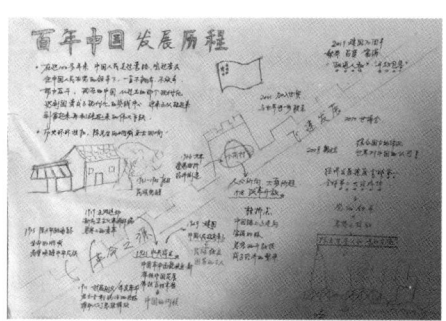

图5-1 学生绘制的历程图

项目式学习把社会创新实践的过程融入学生的学习,是对未来社会实践创新活动的模拟,弥补了传统学科教学远离真实社会生活的缺陷。经由项目式学习,学生能感受到系统学习的重要性,能以一种整体的、相关的观点去学习知识。

问题4:文献导读有什么用?

日新月异的社会发展对思政课的教学内容提出了一系列挑战。因此,思政课必须丰富教学内容,提升理论高度,积极回应学术前沿与社会现实。

在课前,S老师提供了《纪念改革开放40年:创造历史的伟大变革》《习近平:在全国抗击新冠肺炎疫情表彰大会上的讲话》两篇文献,供学生学习。以下是 S 老师和笔者提供的导读提纲。

S 老师提供的导读提纲:(1)"重新启动历史前进的时间",我们做的第一件事情是什么?(2)"打开融入时代潮流的大门",我们是从哪里起步的?(3)"个体户"和"半个广场都是中国人"的例子想要说明什么?(4)为什么说中国经历着世界上最复杂也最成功的伟大变革?(5)中国改革开放能够取得成功的根本原因是什么?(6)面对疫情,我们已经做了哪些事情?(7)伟大的抗疫精神具体指什么?(8)从抗疫斗争中,我们有哪些收获和启示?(9)在当前的形势下,我们要做好哪些事情?(10)比较两篇文献,哪些内容没有变化,哪些内容有变化?还增加了什么?

笔者提供的导读提纲:(1)哪些方面体现了改革开放最复杂和最成功?(2)两篇文献的共同点有哪些?(3)你能提炼出哪些克服困难的方法?

同样是导读提纲,笔者偏向学术性、研究性阅读,在培养学生技能的同时重塑价值。在文献阅读时,学生必须调动自身已有的知识结构和理论框架对材料内容进行分析。文献阅读能够增强学生的综合思维能力,帮助学生树立正确的历史观。

学生小组讨论结果归纳如下:

我们小组认为,中国特色社会主义制度是永远不会变的,它是我们抵御困难的根本保证。中国传统文化底蕴则是我们的精神动力,正是因为有了家国情怀,我们才能众志成城。顽强的生命力、深厚的凝聚力、巨大的创造力使我们中华民族一往无前。

中国和全世界一同对抗疫情,秉持了人类命运共同体理念。在中国共产党的领导下,我们不屈不挠地进行抗争,取得了显著成果。在疫情面前,我们加快补齐短板弱项,也增强了忧患意识。我们更紧密地团结起来,为实现中国梦而奋斗!

通过项目式学习,教师引导学生不断重构自己的价值体系和知识结构,呈现认知冲突。随着重构的不断进行,学生基于已有认知的学科素养也在不断提升。

经验性的提炼有时候可能是冷冰冰的,但教师个人的心路历程则是有人情味的。教师专业化发展之路有共性的规律，又充满着个性。本章更多地选取年轻教师的反思和成长案例，就是想说明在资源有限的情况下思政课教师如何自我发展，如何反思自己的行为、反思师生关系、反思教师与课程和教学的关系。希望这几位教师的专业化发展案例，能给读者带来一些启发。

随着部编教材的使用，思政课教师应该成为基础教育教师群体中知识面最广、掌握的方法论最多、思维最新的一群人，我们距离这样的目标还有距离，所以我们仍要不断努力。

面向未来，教师发展指标的核心概念应是超越。面向未来的优秀教师的特征是拥有学习热情与学习能力，自我否定与自我超越才是教师专业发展的真正目标。这是教师成长规律，也是教育发展之道。

参考文献

[1] 中共中央翻译局.马克思恩格斯选集(第四卷)[M].北京:人民出版社,1973.

[2] 中华人民共和国教育部.普通高中思想政治课程标准(2017年版2020年修订)[M].北京:人民教育出版社,2020.

[3] 林崇德.21世纪学生发展核心素养研究[M].北京:北京师范大学出版社,2016.

[4] [美]约翰·杜威.我们怎样思维·经验与教育[M].姜文闵,译.北京:人民教育出版社,2005.

[5] [美]约翰·杜威.民主主义与教育[M].王承绪,译.北京:人民教育出版社,2001.

[6] [美]洛林·W.安德森,等.布卢姆教育目标分类学修订版(完整版) 分类学视野下的学与教及其测评[M].蒋小平,等译.北京:外语教学与研究出版社,2009.

[7] [美]杰姬·阿克里·沃尔什,贝丝·丹克特·萨特.优质提问教学法——让每个学生都参与学习(第二版)[M].盛群力,等译.北京:中国轻工业出版社,2018.

[8] [美]詹森,等.深度学习的7种有力策略[M].温暖,译.上海:华东师范大学出版社,2010.

[9] 韩震.以学科核心素养为主线优化思想政治课学科育人目标[J].人民教育,2018(7).

[10] 冯锐,任友群.学习研究的转向与学习科学的形成[J].电化教育研究,2009(2).

[11] 朱明光.关于活动型思想政治课程的思考[J].思想政治课教学,2016(4).

[12] 庞维国.论学习方式[J].课程·教材·教法,2010(5).

[13] 褚宏启.核心素养是否过时:关键能力能否取代核心素养[J].中小学管理,2017(10).

[14] 李晓东,张璇,刘宇思.新课程标准背景下政治学科能力框架改进研究[J].教育参考,2018(2).

[15] 陈友芳.情境设计能力与学科核心素养的养成[J].思想政治课教学,2016(9).

[16] 周增为.从课程与教学维度思考思政课一体化建设[J].中国高等教育,2020(1).

[17] 周增为.中小学德育课程一体化的教学设计与架构探析[J].现代教学,2019(Z2).

[18] 高国希.大中小学思想政治理论课一体化建设的思考[J].思想理论教育,2019(5).

[19] 何玲,黎加厚.促进学生深度学习[J].计算机教与学,2005(5).

[20] 景红娜,陈琳,赵雪萍.基于Moodle的深层学习研究[J].远程教育杂志,2011(3).

[21] 安富海.促进深度学习的课堂教学策略研究[J].课程·教材·教法,2014(11).

[22] 郭元祥.课堂教学改革的基础与方向——兼论深度教学[J].教育研究与实验,2015(6).

[23] 郭华.深度学习及其意义[J].课程·教材·教法,2016(11).

[24] 向葵花,陈佑清.聚焦学习行为:教学论研究的视域转换[J].课程·教材·教法,2013(12).

[25] *Deep and Surface Approaches to Learning*[DB/OL].(2013-5-7)http://www.engsc.ac.uk/er/theory/learning.asp.

[26] Biggs J. B. *Individual Differences in the Study Process and the Quality of Learning Outcomes*[J]. Higher Education,1979(8).

[27] Biggs, J. & Collis, K. *Evaluating the Quality of Learning: The SOLO Taxonomy*[M]. New York: Academic Press,1982.

[28] Beattie V.,Collins,B. & Mcinnes B..*Deep and Surface Learning: A Simple or Simplistic Dichotomy*[J]. Accounting Education,1997 (6).

[29] Wiggins, G. & McTighe, J. *Understanding by Design* [M]. Alexandria, VA: The Association for Supervision and Curriculum Development,2005.

[30] Ferrell B. A Factor Analytic Comparison of Four Learning-style Instruments [J].Journal of Educational Psychology,1983,75(1).

[31] Felder R. M. Silverman L. K. Learning and Teaching Styles in Engineering Education[J].Engineering Education,1988,78(7).

[32] Marton F.Sal jo R.On Qualitative Differences in Learning:Outcome and Process[J].British Journal of Educational Psychology,1976(3).

[33] Entwistle N.J.Waterson S.Approaches to Studying and Levels of Processing in University Students [J]. British Journal of Educational Psychology,1988,58(3).

跋

走向专业学习

由于父母是双职工,作为独生子女,我在各种假期里有漫长的时间需要打发。做自己的老师是我打发时间的主要方式,体现在重复批改被老师批改过的试卷,把学生手册上的空格全部填满,还有就是在脑海中模仿各位老师的说话语气,喃喃自语。如果当时有社交平台,我一定很愿意奉献自己的表演,大概就是那时,我心中埋下了做老师的种子。2003年大学毕业后,我自然而然放下学习了四年的法学专业,做了高中老师。

做老师近20年,最吸引我的还是课堂,课堂有一种迷人的魅力,把我所有的热情和想法都吸引过去。在那个场域里面,和学生在一起的时候,我能感知到自己的感觉器官被打开,头脑被激活。那是一种能够快速形成心流的美妙体验。

很多同行问我,对课堂教学从一开始的朴素情感,到不断反省精进,到不离不弃,动力在哪儿?从2008年进入第二期上海市思想政治课研究德育实训基地(以下简称德育实训基地)开始,在周增为老师的指导和同伴的帮助下,我走上了专业化学习的道路。

2008年,时任虹口区高中政治教研员的李一新老师问我是否愿意加入德育实训基地。作为一个入职5年的中学二级教师,我在懵懂中参加了德育基地的面试,于惶惑中启航了……

进入基地的第一场讨论是"怎样理解思想政治课中的三维目标"。当时自己竟然会认同这样的观念:高一高二的课侧重情感、态度、价值观的培养,高三的课侧重知识目标。交流发言后导师的总结让我第一次意识到三维目标具有整体性,绝对不能依据年段切割,更不能因为考试切割。我第一次比较系统地思考了课程的含义、功能与价值。

第一次听周老师的课,课题是"我国的产业结构和就业结构"。这节课从开始到末了,都让我感触颇深。这样的上课方式,这样的师生交流,这种对课程的理解足以让那个时候的我目瞪口呆。那节课后我告诉自己:我要接受新的观念——对课程的新理解、对目标的新理解、对学生关系的新理解。这才是我要追求的课堂。

不经历课堂教学行为的变革是不可能真正接受新观念,并且将这些观念内化和再实践的。基地最重要的培训任务就是课堂教学,让学生在思政课中有收获,并能够运用课堂所学去分析和解决实际问题。所以,要想在基地上好课,必须广泛阅读。教师阅读具有非功利色彩,由于思政课涉及的话题非常宽泛,教师必须注重阅读。随着阅读量的增加,教师逐渐能理解阅读的"无用之用",在课堂教学中融会贯通。当然,并不是平时的阅读都会用在课堂教学中,只不过阅读所积累的养分将为我们的课堂教学提供底气。

2010年我来到新的学校,由于各种原因,探索的脚步变得迟缓。2011年底,上海市普教系统第三期名师基地开始招生,我好像看到了黑夜中的微光,便抓住这次机会重返基地。在基地开课很难,要求很高。首先,团队备课中的意见是建设性意见。由于评价是在同一个标准下进行的,听课结束后的评课活动往往是围绕目标提出建设性意见。其次,这个学习型团队是各取所长、分工明确的。对于基地改革的内容,不同教师的理解程度也有所不同。此时,团队中的非授课教师依据自身特长为授课教师做好各项保障工作显得尤为重要。最后,这种陪伴使得团队成为学习型群体,讨论的主题和活动的主旨始终围绕教师的成长,营造了教师专业发展的良好氛围,至今这样的友谊仍然对我的职业发展起到助推作用。

本书的绝大部分内容都经过了十多年研究、实践、思考,不断重复、推翻、建立,过程中充满挫折但也有巨大的乐趣。在整理书稿时,我相当于把过去的点滴串联起来,今天回望已经是一条有清晰线索的探索路径。在文稿取舍的过程中,我有意留下一些精彩的课例和资料,盼望和各位读者分享我们走过的路。思政课的时效性非常强,之所以将以往的课例和资料呈现出来,是希望和大家一起探究思政课教学时效性背后的规律性、那些隽永的教育教学规律，以及我们始终坚持的教育初心。

特别感谢在本书成书过程中为我提供帮助的前辈及好友们。首先感谢教育部基础教育教学指导委员会副主任委员、北京师范大学学术委员会主任韩震老师，韩老师关心青年教师发展，为本书作序，希望我在思政课教学与研究上不断进步。上海市建平中学刘宏福老师为第四章深度学习部分贡献了有益的思路，华东师范大学第一附属中学张惺艺老师、北虹高级中学尹珺老师、民办新华初级中学张淑云老师不吝分享成长故事。复旦大学王洁博士对书稿的文字梳理作出贡献。

我们的研究还在路上，而且没有终点。2019年，思政课进入新的时期，我们要迎头赶上，继续努力。与君共勉。

本书绝大部分内容完稿于2019年底。彼时，我正在英国学习。冬天的曼彻斯特黑夜漫长，冬雨好像从未停过，每天徜徉在19世纪的建筑群中，忙碌渐渐远去，难得的安静覆盖了生活。偷得独属于自己的大块时间，终于把延宕多年的书稿完工。不想，时间进入2020年，各种情况无法预料，我的工作也发生了变化——从工作多年的上海市复兴高级中学换到了上海市师资培训中心。工作内容的变化、工作视角的变化，让我对思政课的看法也发生了变化，在思政课一体化建设的实践上有了更多的思考。我逐渐认为，对思政课的思考必须基于一体化建设的视角，视角的变化带来的是理念、思维方式、教学方式、学习方式的变化。大中小学思政课一体化建设与中国进入了新时代且处于百年未有之大变局紧密关联，教师一定要把思政课放到更宏观的维度思考，这样才能站得更高，看得更远，做得更好。

最后，感谢我的家人们，没有他们的鼎力支持，我是寸步难行的。

张尚达

2021年8月

图书在版编目（CIP）数据

联结与生成：为学生发展而教 / 张尚达著. —上海：上海教育出版社，2021.11
ISBN 978-7-5720-1250-1

Ⅰ.①联… Ⅱ.①张… Ⅲ.①思想政治教育 – 教学研究 – 中国 Ⅳ.①D64

中国版本图书馆CIP数据核字(2021)第244812号

责任编辑　杜金丹
封面设计　毛结平

联结与生成：为学生发展而教
张尚达　著

出版发行	上海教育出版社有限公司
官　　网	www.seph.com.cn
地　　址	上海市闵行区号景路159弄C座
邮　　编	201101
印　　刷	上海龙腾印务有限公司
开　　本	700×1000　1/16　印张 9.5　插页 1
字　　数	140 千字
版　　次	2021年11月第1版
印　　次	2021年11月第1次印刷
书　　号	ISBN 978-7-5720-1250-1/G·0982
定　　价	48.00 元

如发现质量问题，读者可向本社调换　电话：021-64373213